Sharon D. Williams
Alexander Garcia

# Mundos quânticos: A revolução da computação e a forma como está a moldar o nosso futuro

Sharon D. Williams
Alexander Garcia

# Mundos quânticos: A revolução da computação e a forma como está a moldar o nosso futuro

ISBN: 978-3-68904-359-9 (Brochura)
ISBN: 978-3-68904-366-7 (livro eletrónico)

Primeira edição
abril de 2024
Versão 1.0
Impresso na União Europeia
bup@bremenuniversitypress.com
www.bremenuniversitypress.com

Sharon D. Williams
Alexander Garcia

# Mundos quânticos: A revolução da computação e a forma como está a moldar o nosso futuro

# Visão geral

# Índice

# Introdução

Os computadores quânticos estão na boca de toda a gente por várias razões.

Representam um avanço significativo na forma como pensamos o processamento de dados e a tecnologia informática e prometem avanços em muitos domínios científicos e industriais. Além disso - ao contrário do que acontecia no passado - já não são apenas do domínio de investigadores e cientistas altamente especializados. Tendo em conta as aplicações esperadas, que podem ter um impacto enorme em muitos domínios da vida de todos, é altura de escrever uma obra compreensível para todos sobre este tema. Os computadores quânticos dizem respeito a todos nós.

Uma das principais razões para o elevado nível de interesse nos computadores quânticos é a sua capacidade teórica para resolver problemas que são praticamente insolúveis para os computadores convencionais. Isto inclui simulações complexas em física, química e ciência dos materiais, o aperfeiçoamento de algoritmos para a inteligência artificial, a otimização de grandes sistemas, por exemplo, em modelos logísticos ou financeiros, e, não menos importante, a possibilidade de quebrar as técnicas de encriptação existentes. A capacidade de descobrir e desenvolver mais rapidamente novos medicamentos através da simulação mais precisa das

4

interacções moleculares é outro exemplo do enorme potencial dos computadores quânticos.

Finalmente, a base dos computadores quânticos - a mecânica quântica - é fascinante devido à sua não-intuitividade e ao seu desafio à nossa compreensão das leis da natureza. A mecânica quântica, um dos pilares da física moderna, contradiz muitos aspectos da física clássica descritiva, o que leva a uma mistura de fascínio e alienação. A aplicação dos seus princípios numa tecnologia que tem o potencial de mudar a nossa sociedade desperta, por isso, o interesse não só dos especialistas, mas também do público em geral.

Em suma, são as possibilidades inovadoras, os desafios tecnológicos e as questões científicas profundas que fazem dos computadores quânticos um centro de interesse tão grande.

A ideia de que os computadores quânticos já são capazes de efetuar operações de computação que levariam milhares de anos ao computador convencional mais potente marca um ponto de viragem no mundo do processamento da informação. Esta vantagem de desempenho, que os primeiros computadores quânticos já demonstraram em tarefas especializadas, sublinha o potencial transformador da tecnologia quântica. É um sinal claro de que estamos no início de um desenvolvimento inovador que traz consigo tanto imensas oportunidades como desafios significativos.

5

O cenário exemplar, em que um computador quântico resolve em minutos uma tarefa que levaria milhares de anos a um supercomputador clássico, ilustra a capacidade única dos computadores quânticos para resolver problemas explorando fenómenos quânticos como a sobreposição e o emaranhamento de uma forma inimaginável no mundo clássico. Esta capacidade tem o potencial de revolucionar a investigação em domínios como a ciência dos materiais, a descoberta de medicamentos, a inteligência artificial e muitos outros, oferecendo possibilidades inteiramente novas de modelização de sistemas complexos e de resolução de problemas de otimização.

Ao mesmo tempo, o desenvolvimento atual dos computadores quânticos levanta questões importantes sobre a segurança dos actuais sistemas criptográficos que constituem a espinha dorsal da segurança digital a nível mundial. A possibilidade de comprometer os métodos de encriptação estabelecidos exige uma revisão proactiva dos protocolos de segurança e o desenvolvimento de novas abordagens criptográficas resistentes aos ataques quânticos.

Abordar o tema da computação quântica é, por conseguinte, importante não só para os cientistas, tecnólogos e agentes da indústria, mas também para os políticos, peritos em segurança e, em última análise, para a sociedade em geral. A educação e a consciencialização do público desempenham um papel importante na compreensão das oportunidades e dos riscos associados a esta tecnologia e na tomada de decisões informadas sobre o seu desenvolvimento e aplicação.

Estamos no início de uma era em que as tecnologias quânticas têm o potencial de mudar fundamentalmente o nosso mundo. É crucial que embarquemos nesta viagem com um conhecimento profundo da própria tecnologia e uma visão clara do seu potencial impacto. O desenvolvimento e a aplicação das tecnologias quânticas exigiram uma análise cuidadosa dos aspectos éticos, sociais e de segurança para garantir que esta tecnologia revolucionária seja utilizada em benefício da humanidade.

Os computadores quânticos representam uma forma revolucionária de processar informação que difere fundamentalmente dos computadores clássicos. O seu conceito baseia-se nos princípios da mecânica quântica, uma teoria que descreve o comportamento da matéria e da energia nas escalas mais pequenas do universo. Ao contrário dos computadores clássicos, que processam dados sob a forma de bits que podem assumir o estado 0 ou 1, os computadores quânticos utilizam bits quânticos ou qubits. Um qubit pode existir não só nos estados 0 ou 1, mas também em sobreposições de ambos, o que se designa por sobreposição. Esta capacidade permite aos computadores quânticos representar e processar um enorme número de estados possíveis em simultâneo.

Outro princípio fundamental da computação quântica é o emaranhamento, um fenómeno em que os qubits estão ligados entre si num estado tal que o estado de um único qubit pode influenciar imediatamente o estado de outro, independentemente da distância entre eles. Este fenómeno permite um tipo de processamento paralelo que é impossível de obter nos sistemas clássicos.

Estas propriedades significam que os computadores quânticos podem potencialmente efetuar certos tipos de cálculos muito mais rapidamente do que os seus homólogos clássicos, em especial os que envolvem a factorização de grandes números, a simulação de sistemas quânticos e certos problemas de otimização.

No entanto, os desafios que se colocam à construção e à expansão dos computadores quânticos são consideráveis. Os Qubits são extremamente susceptíveis a perturbações externas, um fenómeno conhecido como decoerência, que pode destruir os seus estados quânticos. Por conseguinte, os computadores quânticos requerem temperaturas extremamente baixas e uma proteção especial para estarem operacionais. Apesar destes desafios, os investigadores estão a fazer progressos constantes e já existem computadores quânticos funcionais com um número limitado de qubits que são utilizados para tarefas de investigação especializadas e aplicações experimentais.

Os desenvolvimentos no domínio da computação quântica poderão ter, a longo prazo, um enorme impacto em numerosos domínios, desde a ciência dos materiais à farmácia e à criptografia. A capacidade de resolver problemas que são praticamente insolúveis para os computadores convencionais abre novos horizontes na ciência e na tecnologia. No entanto, ainda há muito trabalho de investigação e desenvolvimento a fazer antes de os computadores quânticos estarem prontos para uma utilização generalizada.

Os computadores quânticos representam um avanço fundamental em relação às tecnologias de computação tradicionais, uma vez que utilizam princípios da mecânica quântica para efetuar tarefas de processamento de dados que consomem muito tempo ou são praticamente impossíveis para os computadores clássicos. Este novo tipo de computador utiliza bits quânticos, ou qubits, em vez de bits clássicos para armazenar e processar informação.

Levamo-lo numa viagem através da excitante história e do futuro dos computadores quânticos, que em breve definirão todas as nossas vidas de formas que só podem ser adivinhadas atualmente.

## Conceitos básicos

### Bits quânticos (qubits)

No coração de um computador quântico estão os qubits. Ao contrário dos bits clássicos, que existem num de dois estados possíveis, 0 ou 1, os qubits podem estar num estado que é uma sobreposição de 0 e 1, graças ao princípio da sobreposição. Esta capacidade permite que os qubits transportem e processem mais informação do que os bits clássicos.

A sobreposição é um estado em que os qubits podem estar, e permite que um qubit tenha diferentes probabilidades para o estado 0 e 1 ao mesmo tempo. Quando um sistema de N qubits está em sobreposição, pode representar 2^N estados diferentes em simultâneo, o que representa um aumento exponencial da capacidade de processamento de informação em comparação com N bits clássicos.

Outro fenómeno da mecânica quântica que é utilizado nos computadores quânticos é o emaranhamento. Dois ou mais qubits podem existir num estado emaranhado, no qual o estado de um único qubit determina diretamente o estado dos outros qubits envolvidos, independentemente da sua distância espacial. O emaranhamento permite uma coordenação complexa e cálculos simultâneos que não são possíveis nos sistemas clássicos.

Os computadores quânticos também utilizam o fenómeno da interferência quântica para controlar as probabilidades dos estados dos qubits, eliminando assim resultados computacionais indesejáveis e amplificando os resultados desejados.

## Funcionalidade e desafios

Os computadores quânticos efectuam cálculos através da manipulação de qubits e da utilização dos princípios da sobreposição e do emaranhamento para atingir uma enorme capacidade de processamento paralelo. Os algoritmos quânticos especificamente concebidos para

10

utilizar estas propriedades podem resolver certos tipos de problemas de forma muito mais eficiente do que os algoritmos mais conhecidos dos computadores clássicos.

Um dos maiores obstáculos técnicos ao desenvolvimento de computadores quânticos é a decoerência, um processo em que os estados quânticos sensíveis dos qubits são perturbados pela sua interação com o ambiente, levando a uma perda de informação quântica. A realização de métodos fiáveis de correção de erros quânticos e o desenvolvimento de qubits estáveis que possam permanecer no seu estado quântico durante mais tempo são áreas-chave de investigação

## Áreas de aplicação e potencial

Os computadores quânticos oferecem novas e promissoras possibilidades em muitos domínios.

Poderão desafiar os sistemas de encriptação existentes e, ao mesmo tempo, promover o desenvolvimento de novos métodos de encriptação quântica.

Ao simularem moléculas e reacções químicas, os computadores quânticos poderão fazer progressos revolucionários na descoberta de novos materiais e medicamentos.

Poderão encontrar soluções mais eficientes para problemas complexos de otimização em áreas como a logística, a produção e as finanças.

O futuro dos computadores quânticos é extremamente promissor, mas enfrenta desafios técnicos e teóricos significativos. Os avanços na tecnologia quântica, o desenvolvimento de algoritmos quânticos e a superação de obstáculos técnicos como a decoerência e a propensão para o erro serão cruciais para concretizar todo o potencial dos computadores quânticos. A longo prazo, os computadores quânticos poderão não só reformular os paradigmas computacionais existentes, mas também abrir novas vias de investigação e permitir descobertas científicas anteriormente inimagináveis.

## Uma breve história dos computadores quânticos

A história da computação quântica é simultaneamente fascinante e complexa, caracterizada por descobertas teóricas e avanços experimentais que, em conjunto, formam a base desta tecnologia revolucionária. Eis um resumo de alguns dos marcos mais importantes no caminho para o desenvolvimento dos computadores quânticos:

## Anos 80: Fundamentos teóricos

Em 1981, Richard Feynman propôs que os computadores quânticos pudessem ser utilizados para simular sistemas físicos demasiado complexos para os computadores clássicos. Feynman identificou a dificuldade inerente à simulação de sistemas quânticos utilizando meios clássicos e argumentou que era necessária uma nova abordagem baseada na mecânica quântica.

Em 1982, Paul Benioff descreveu o conceito de uma máquina de Turing quântica, a base teórica da computação quântica, que mostra que os sistemas quânticos podem ser utilizados para efetuar cálculos.

David Deutsch desenvolve a ideia em 1985 e propõe o formalismo da máquina de Turing quântica, que estabelece as bases teóricas dos computadores quânticos. Apresenta também o conceito de computador quântico universal, que é capaz de efetuar qualquer função computável.

## Década de 1990: descoberta de algoritmos quânticos

Em 1994, Peter Shor desenvolveu o algoritmo Shor, que recebeu o seu nome, que mostra que um computador quântico pode fatorizar grandes números de forma muito mais eficiente do que os algoritmos mais conhecidos para computadores clássicos. Esta descoberta tem implicações significativas para a criptografia, em particular para a segurança de muitos sistemas de encriptação.

Em 1996, Lov Grover desenvolveu o algoritmo Grover, que efectua uma pesquisa numa base de dados não ordenada quadraticamente mais rápida do que qualquer algoritmo clássico. Este facto demonstra a potencial superioridade dos computadores quânticos para determinadas tarefas de pesquisa.

## Anos 2000: Primeiros computadores quânticos

No início da década de 2000, os investigadores começaram a construir os primeiros computadores quânticos capazes de executar algoritmos quânticos simples. Estes primeiros sistemas estão ainda muito longe da aplicabilidade prática, mas constituem marcos técnicos importantes.

## Anos 2010: Aproximação da superioridade quântica

Em 2019, a Google anunciou que o seu computador quântico Sycamore tinha alcançado a supremacia quântica ao realizar em 200 segundos um cálculo específico que levaria cerca de 10 000 anos ao supercomputador mais potente do mundo. Este marco é visto como o início de uma nova era na computação quântica, embora as aplicações práticas ainda estejam muito longe.

## Perspetivas futuras

Atualmente, a investigação centra-se principalmente na melhoria da estabilidade e da escalabilidade dos qubits, no desenvolvimento de computadores quânticos tolerantes a falhas e na descoberta de aplicações práticas para as tecnologias quânticas. A evolução desde as primeiras propostas teóricas até à demonstração da superioridade quântica mostra até onde chegou a tecnologia dos computadores quânticos. Os desenvolvimentos futuros prometem ser ainda mais excitantes, com

potencial para mudar profundamente a ciência, a tecnologia e a sociedade.

# Princípios básicos da tecnologia de computação quântica

A tecnologia de computação quântica baseia-se nos princípios da mecânica quântica, um domínio da física que descreve o comportamento das partículas à escala mais pequena possível. Esta tecnologia difere fundamentalmente da tecnologia informática clássica, que se baseia em bits que podem assumir o estado 0 ou 1. No centro da tecnologia informática quântica estão os bits quânticos ou qubits, que permitem um processamento de dados muito mais complexo graças aos princípios da sobreposição e do emaranhamento.

A sobreposição é o primeiro princípio fundamental que permite que os qubits estejam num estado que corresponde a uma combinação de 0 e 1. Isto permite que um qubit efectue vários cálculos em simultâneo. Esta capacidade de processamento paralelo pode aumentar significativamente a velocidade de computação e a eficiência dos computadores quânticos em comparação com os computadores clássicos para determinadas tarefas.

O segundo princípio-chave é o emaranhamento, um fenómeno em que o estado de um qubit está diretamente ligado ao estado de outro qubit, independentemente da distância entre eles. Esta ligação profunda permite um processamento de dados excecionalmente coordenado entre múltiplos qubits. Os qubits emaranhados podem transmitir informação de uma forma que não é possível com a comunicação clássica, o que é particularmente valioso para aplicações em criptografia quântica e redes quânticas.

Outro conceito importante na tecnologia da computação quântica é a interferência quântica, que é utilizada para sobrepor as probabilidades dos estados dos qubits de tal forma que os caminhos computacionais indesejáveis são cancelados enquanto os caminhos desejáveis são reforçados. Isto é crucial para o desenvolvimento de algoritmos eficientes para computadores quânticos que possam resolver tarefas específicas, como a factorização de números grandes, uma tarefa em que os computadores quânticos têm uma vantagem teórica sobre os computadores clássicos.

A correção de erros quânticos é outra consideração fundamental. Os estados quânticos são altamente susceptíveis a perturbações do seu ambiente, um fenómeno conhecido como "decoerência". O desenvolvimento de códigos de correção de erros que possam preservar a integridade da informação quântica num ambiente ruidoso e decoerente é crucial para a utilização prática dos computadores quânticos.

Os desafios à realização da computação quântica prática são enormes, incluindo os obstáculos técnicos à produção e manutenção dos estados necessários à computação quântica, bem como o desenvolvimento de algoritmos que tirem especificamente partido da computação quântica. Apesar destes desafios, a investigação e o desenvolvimento da tecnologia de computação quântica estão a avançar, com avanços significativos na ciência dos materiais, na crio-engenharia, nos algoritmos quânticos e noutras áreas que têm o potencial de ultrapassar os limites da computabilidade e da informação.

## Qubits e suas propriedades

O fascínio pelos qubits, ou bits quânticos, deriva da sua capacidade de ultrapassar os limites da tecnologia informática clássica, utilizando os princípios exóticos da mecânica quântica. Ao contrário dos bits clássicos, que constituem a espinha dorsal da tecnologia informática tradicional e assumem sempre um de dois estados possíveis, 0 ou 1, os qubits quebram esta limitação binária e permitem uma forma muito mais rica de processamento de dados.

Um aspeto fundamental que torna os qubits tão especiais é a sua capacidade de sobreposição. Este fenómeno permite que um qubit esteja num estado que é uma sobreposição de 0 e 1. Imagine que um bit clássico só pode ser vermelho ou verde, enquanto um qubit pode ser vermelho e verde em graus variáveis. Esta sobreposição expande exponencialmente a quantidade de informação que um único qubit pode conter, em comparação com um bit clássico, e permite que um conjunto de qubits represente simultaneamente uma enorme quantidade de estados diferentes.

Outra caraterística notável dos qubits é o emaranhamento quântico, um estado em que dois ou mais qubits estão ligados de tal forma que o estado de um único qubit não pode ser descrito independentemente dos estados dos outros. Esta invenção permite que a informação seja transferida entre qubits mesmo que estejam espacialmente separados, o que pode levar a processos computacionais extremamente eficientes. Os qubits emaranhados podem atuar de forma coordenada, mesmo a grandes distâncias, sem comunicação direta entre eles.

A sobreposição e o emaranhamento criam, em conjunto, a base para as capacidades computacionais superiores dos computadores quânticos. Estas propriedades permitem que os computadores quânticos resolvam problemas complexos de uma forma que é inatingível para os computadores clássicos. Por exemplo, podem resolver certos problemas matemáticos, como a factorização de grandes números, muito mais rapidamente, o que tem implicações importantes para a criptografia. Podem também revolucionar o desenvolvimento de novos fármacos, tornando possível a simulação de interacções moleculares a um nível anteriormente inacessível.

Apesar do seu enorme potencial, a tecnologia dos qubits encontra-se ainda numa fase inicial de desenvolvimento. A realização prática desta tecnologia enfrenta desafios técnicos consideráveis, incluindo o aumento da estabilidade dos qubits e a sua proteção contra interferências externas que possam afetar os seus estados quânticos sensíveis.

## Sobreposição

A capacidade de sobreposição dos qubits é uma pedra angular que distingue a tecnologia dos computadores quânticos da tecnologia dos computadores clássicos e lhe confere um potencial extraordinário. A sobreposição permite que os qubits estejam num estado que pode ser entendido como uma combinação dos estados clássicos 0 e 1. Estes estados são descritos pela mecânica quântica, com a amplitude dos estados a indicar a probabilidade de encontrar o qubit num dos dois estados clássicos durante uma medição. A representação matemática deste estado utiliza números complexos para descrever tanto a amplitude como a fase destas sobreposições, resultando numa estrutura rica de possibilidades de informação que vai muito além do que é possível com um simples bit.

A sobreposição permite que os computadores quânticos trabalhem em paralelo, explorando simultaneamente vários caminhos computacionais. Ao contrário de um computador clássico, que tem de percorrer sequencialmente todos os caminhos possíveis, um computador quântico com n qubits pode teoricamente explorar até $2^n$ estados em simultâneo. Esta capacidade de processamento paralelo é particularmente útil para problemas em que é necessário pesquisar rapidamente um grande número de soluções possíveis, como a otimização, a factorização de grandes números ou os algoritmos de pesquisa.

O carácter exponencial do processamento de informação nos computadores quânticos através da sobreposição abre possibilidades revolucionárias, mas também coloca desafios práticos. Para utilizar eficazmente este poder de processamento paralelo, é necessário desenvolver algoritmos quânticos específicos que tenham em conta as peculiaridades da mecânica quântica. Provavelmente o algoritmo quântico mais conhecido, o algoritmo de Shor para a factorização de grandes números, demonstra o potencial dos computadores quânticos para resolver certos problemas de forma muito mais eficiente do que os computadores clássicos.

No entanto, a realização destes potenciais é complexa na prática. Os estados de sobreposição são altamente susceptíveis a perturbações externas, levando à decoerência - a perda dos estados mecânicos quânticos necessários para os cálculos. O desenvolvimento de sistemas quânticos robustos e a manutenção da coerência durante períodos de tempo suficientemente longos para cálculos significativos continuam a ser um dos maiores desafios da tecnologia de computação quântica.

Além disso, a utilização da capacidade de processamento paralelo proporcionada pela sobreposição exige o desenvolvimento de novos paradigmas e algoritmos de programação. A programação quântica é fundamentalmente diferente da programação clássica, uma vez que utiliza diretamente as propriedades únicas dos qubits, como a sobreposição e o emaranhamento, para resolver problemas de novas formas.

## Emaranhamento

O emaranhamento de qubits é o epítome de um dos fenómenos mais difíceis da física quântica, que não só desafia a nossa compreensão do espaço e do tempo, como também constitui a base de aplicações inovadoras da tecnologia quântica. Albert Einstein cunhou o termo "ação fantasmagórica à distância" para exprimir o seu ceticismo e fascínio pela ideia de que duas ou mais partículas podem estar ligadas de uma forma que parece ser independente da distância entre elas. Esta propriedade contradizia a ideia de Einstein de uma realidade local em que os objectos só podem ser influenciados por interacções directas na sua envolvente imediata.

No mundo da mecânica quântica, o emaranhamento permite que o estado de um qubit afecte instantaneamente o estado de outro qubit, independentemente da distância entre eles. Isto significa que as medições num qubit podem ter efeitos instantâneos no estado de um qubit emaranhado, mesmo que estejam a anos-luz de distância. Esta propriedade não-local tem implicações de grande alcance e permite abordagens completamente novas ao processamento e transmissão de informação.

As aplicações do emaranhamento quântico na tecnologia dos computadores quânticos e na comunicação são diversas e revolucionárias. Na criptografia quântica, por exemplo, o emaranhamento permite métodos de comunicação extremamente seguros. Ao criar pares de qubits emaranhados, duas partes podem trocar uma chave absolutamente segura, uma vez que qualquer tentativa de escuta interromperia o emaranhamento e seria imediatamente detectada. Isto utiliza a incerteza inerente aos estados quânticos para garantir a segurança da comunicação.

Na computação quântica, o emaranhamento permite efetuar cálculos complexos de uma forma que não é possível com os computadores clássicos. Ao conceber algoritmos que operam em qubits emaranhados, os computadores quânticos podem potencialmente realizar tarefas como simular moléculas ou decifrar encriptações, que sobrecarregariam os computadores clássicos, num tempo drasticamente reduzido.

Apesar do seu enorme potencial, a realização prática e a manutenção de estados emaranhados em sistemas quânticos representam um grande desafio. A geração e a manipulação de qubits emaranhados requerem um controlo extremamente preciso e uma proteção contra qualquer tipo de influências ambientais que possam perturbar os estados quânticos sensíveis. A investigação e o desenvolvimento nesta área são intensivos e têm por objetivo desenvolver sistemas quânticos robustos que possam concretizar plenamente a promessa do emaranhamento quântico.

### Noções básicas de emaranhamento

A aparente discrepância entre o emaranhamento quântico e a teoria da relatividade tem dado origem a discussões e investigações no domínio da física. A teoria da relatividade, formulada por Albert Einstein, afirma que nenhuma informação ou efeito pode viajar mais depressa do que a luz. À primeira vista, o entrelaçamento quântico, em que a medição de um qubit determina instantaneamente o estado de outro qubit, espacialmente separado, pode parecer violar este princípio. A chave para compreender porque é que isto não é uma contradição reside no tipo de informação transmitida e na natureza do próprio emaranhamento.

Nenhuma informação ou sinal convencional é transferido entre os qubits durante o emaranhamento. Em vez disso, é estabelecida uma correlação que só se torna aparente quando as medições são efectuadas e comparadas. Assim, quando se mede um par de qubits emaranhados, a medição de um qubit determina instantaneamente o estado do outro, mas esta alteração não pode ser utilizada para transmitir informação a velocidades superiores à da luz. Isto significa que o emaranhamento não viola a estrutura causal do espaço-tempo, tal como descrita pela teoria da relatividade.

A correlação entre os qubits emaranhados é o resultado da sua história comum e das leis da mecânica quântica que os regem, e não uma transferência de informação no sentido clássico. Este fenómeno demonstra a não-localidade da mecânica quântica, que afirma que as partes de um sistema emaranhado não podem ser consideradas completamente independentes umas das outras, independentemente da sua distância espacial. No entanto, esta não-localidade não constitui um mecanismo de transmissão instantânea de informação reconhecível, preservando assim a integridade da teoria da relatividade.

O entrelaçamento quântico e a sua aparente instantaneidade não contradizem, portanto, a velocidade limitada de transmissão da informação, de acordo com a teoria da relatividade. Pelo contrário, obrigam-nos a repensar as nossas noções de causalidade e de separação num universo profundamente caracterizado por propriedades quânticas. Esta interação afinada entre a mecânica quântica e a relatividade continua a ser um campo fascinante de investigação teórica e experimental que continua a expandir a nossa compreensão dos princípios fundamentais do universo.

## Aplicações do emaranhamento

As propriedades únicas do emaranhamento têm muitas aplicações na teoria e tecnologia da informação quântica.

## Criptografia quântica

O protocolo BB84, que foi introduzido por Charles Bennett e Gilles Brassard em 1984, é um marco na criptografia quântica e marca o início de uma nova era na comunicação segura.

Embora o protocolo BB84 em si não se baseie diretamente no entrelaçamento quântico, mas nos princípios da mecânica quântica, em particular na indeterminação, existem protocolos relacionados que utilizam o entrelaçamento para aumentar ainda mais a segurança. O princípio fundamental subjacente ao BB84 e aos protocolos relacionados é a utilização de propriedades quânticas únicas para gerar e verificar uma chave segura, que pode então ser utilizada para encriptar mensagens.

No protocolo BB84, o emissor, frequentemente designado por Alice, envia uma série de qubits para o recetor, Bob, com cada qubit num de quatro estados possíveis. Estes estados representam duas bases diferentes (por exemplo, a polarização dos fotões), e os qubits são enviados numa base selecionada aleatoriamente. Bob também mede cada qubit que chega numa base selecionada aleatoriamente. Depois de todos os qubits terem sido transmitidos, Alice e Bob partilham publicamente as bases em que foram enviados e medidos, respetivamente, sem revelar os resultados das medições. Os qubits em que as bases coincidem são usados para gerar a chave, enquanto os outros são descartados.

A segurança do protocolo baseia-se em dois importantes princípios quânticos. Em primeiro lugar, o princípio da incerteza de Heisenberg afirma que o processo de medição de um estado quântico o perturba inevitavelmente se o estado não for medido na base correcta. Em segundo lugar, o teorema de não clonagem da mecânica quântica proíbe a criação de cópias exactas de estados quânticos desconhecidos. Estas propriedades garantem que qualquer tentativa de um espião de escutar a troca de chaves deixará inevitavelmente um rasto ao influenciar os resultados das medições de Alice e Bob. Comparando um subconjunto dos seus resultados de medição, Alice e Bob podem determinar se a segurança é garantida. Se a taxa de erro for inferior a um determinado limiar, podem assumir que a troca foi segura; caso contrário, devem assumir que a chave foi comprometida e o processo deve ser repetido.

Embora o BB84 e os seus derivados já proporcionem um elevado nível de segurança, os protocolos baseados no emaranhamento quântico, como o protocolo Ekert (E91), alargam as características de segurança utilizando pares de qubits emaranhados. Aqui, qualquer tentativa de espionagem não só resulta numa perturbação que pode ser detectada, mas o próprio emaranhamento fornece uma base ainda mais forte para a segurança, uma vez que as correlações entre qubits emaranhados são utilizadas para a geração e verificação de chaves.

Estes avanços na criptografia quântica prometem uma segurança quase inquebrável, uma vez que se baseiam nas leis fundamentais da física e não apenas na complexidade dos problemas matemáticos. O desenvolvimento e a aplicação contínuos destas tecnologias poderão alterar fundamentalmente o futuro das comunicações seguras.

## Computação quântica

O emaranhamento desempenha um papel central no extraordinário desempenho dos computadores quânticos, permitindo a coordenação de estados e operações em múltiplos qubits, o que leva a um aumento exponencial da capacidade de processamento de informação em relação aos computadores clássicos. Esta capacidade é particularmente importante para a implementação de algoritmos quânticos avançados, como o algoritmo de Shor para a factorização de grandes números e o algoritmo de Grover para a pesquisa eficiente de bases de dados.

O algoritmo de Shor é talvez o exemplo mais conhecido da superioridade dos computadores quânticos para tarefas específicas. Os algoritmos tradicionais para a factorização de números grandes, uma tarefa que é crítica para a segurança de muitos dos sistemas criptográficos actuais, requerem um tempo de computação exponencialmente maior à medida que o tamanho dos números aumenta. No entanto, o algoritmo quântico de Shor pode fatorizar estes números em tempo polinomial, o que significa que requer apenas moderadamente mais recursos de computação à medida que o comprimento do número aumenta. Este ganho de eficiência poderia, teoricamente, comprometer a segurança da maioria dos sistemas de encriptação actuais, uma vez que se baseiam na dificuldade de fatorizar números grandes.

O algoritmo de Grover, por outro lado, oferece uma vantagem de velocidade quadrática para a pesquisa em bases de dados não ordenadas. Enquanto um algoritmo clássico tem de pesquisar, em média, metade de todas as entradas antes de encontrar a entrada pretendida, o algoritmo de Grover reduz o número de passos de pesquisa necessários à raiz quadrada do número total de entradas. Isto significa que, para uma base de dados com um milhão de entradas, são necessárias apenas cerca de 1.000 operações de pesquisa em vez de 500.000. Embora esta vantagem não seja tão dramática como a do algoritmo de Shor para a factorização, pode ter um impacto significativo em certas aplicações, como na criptografia e na resolução de certos problemas de otimização.

A implementação destes algoritmos num computador quântico exige um controlo cuidadoso do emaranhamento entre os qubits. O emaranhamento permite que os qubits interajam num estado coerente, o que é necessário para a execução paralela de cálculos em muitos estados exponenciais. Esta capacidade de processamento paralelo é a chave para a superioridade dos computadores quânticos em determinadas tarefas.

Apesar do impressionante potencial destes algoritmos, os desafios práticos que se colocam à realização de computadores quânticos potentes são consideráveis. Estes desafios incluem a geração e manutenção do emaranhamento num grande número de qubits, a minimização de erros através da decoerência quântica e o problema geral da escalabilidade dos sistemas quânticos. No entanto, a investigação nestas áreas é muito ativa e os progressos no desenvolvimento de mecanismos de correção de erros e na produção de qubits mais estáveis dão esperança de que, no futuro, venham a ser criados computadores quânticos capazes de utilizar eficazmente estes algoritmos.

## Teletransporte quântico

O teletransporte quântico é um fenómeno fascinante que resulta diretamente das propriedades únicas do emaranhamento quântico e tem o potencial de alterar fundamentalmente a forma como a informação é transmitida. Na sua essência, o teletransporte quântico permite que o estado quântico de um qubit seja transferido para outro qubit através de distâncias arbitrárias, sem a necessidade de transferência física do próprio qubit ou das suas propriedades individuais. À partida, este conceito pode parecer ficção científica, mas baseia-se em princípios físicos sólidos e já foi demonstrado experimentalmente.

O procedimento de teletransporte quântico começa com um par de qubits emaranhados que são divididos entre duas partes, frequentemente designadas por Alice e Bob. Alice tem outro qubit cujo estado ela quer transferir para

Bob. Para efetuar o teletransporte, Alice efectua uma medição especial no seu qubit e na sua parte do par emaranhado. Esta medição altera o estado do seu qubit emaranhado de uma forma que depende do estado do qubit a ser teletransportado, mesmo que estes dois qubits nunca tenham interagido diretamente um com o outro.

O elemento crucial aqui é que a medição de Alice também influencia o estado do qubit de Bob, graças à ligação mágica criada pelo emaranhamento. No entanto, nesta altura, Bob ainda não sabe em que estado se encontra o seu qubit. Para reconstruir com precisão o estado original do qubit de Alice, Alice deve comunicar-lhe o resultado da sua medição através de um canal de comunicação clássico. Com esta informação, Bob pode então efetuar uma série de operações no seu qubit para reconstruir o estado exato do qubit original de Alice.

É importante sublinhar que, no teletransporte quântico, nenhuma informação é transmitida mais rapidamente do que a luz. A necessidade de transmitir o resultado da medição através de um canal clássico garante que o teletransporte quântico não viola a teoria da relatividade. Além disso, não é transmitida matéria ou energia no sentido estrito; em vez disso, é transmitido o estado de um qubit, que é uma forma mais subtil de transferência de informação.

O teletransporte quântico tem implicações importantes para o desenvolvimento das redes quânticas e da comunicação quântica. Permite a transmissão segura de informação quântica a longas distâncias e é um conceito-chave para a realização da Internet quântica, em que a informação se baseia em estados quânticos, podendo assim atingir um novo nível de segurança e eficiência. Além disso, o teletransporte quântico poderá ser utilizado em futuros sistemas de computação quântica para transferir informações quânticas entre diferentes partes de um computador quântico ou mesmo entre diferentes computadores quânticos, o que poderá fazer avançar significativamente o desenvolvimento de sistemas de computação quântica escaláveis e de redes quânticas complexas.

## Problemas de emaranhamento

A utilização prática do emaranhamento quântico continua a enfrentar numerosos desafios. A geração e manutenção de estados emaranhados é tecnicamente exigente, uma vez que os qubits são extremamente susceptíveis à decoerência devido a influências ambientais. O desenvolvimento de tecnologias que permitam estados de emaranhamento estáveis durante períodos de tempo mais longos e a distâncias maiores é um campo de investigação ativo.

## Coerência e decoerência

Os conceitos de coerência e de decoerência são fundamentais para a compreensão e o desenvolvimento da tecnologia da computação quântica. Dizem respeito à estabilidade dos estados quânticos, que são essenciais para a realização de cálculos nos computadores quânticos.

## Coerência

A coerência no mundo quântico é um conceito central que descreve a capacidade fundamental dos sistemas quânticos de se encontrarem num estado bem definido de sobreposição ou emaranhamento e de manterem esse estado ao longo do tempo.

Esta capacidade é essencial para o funcionamento dos computadores quânticos, uma vez que constitui a base para a realização de cálculos quânticos. O tempo de coerência define a janela de tempo crítica dentro da qual a informação quântica pode ser processada antes que interacções inevitáveis com o ambiente - um processo conhecido como decoerência - perturbem os estados quânticos de tal forma que estes percam as suas propriedades mecânicas quânticas.

A obtenção de tempos de coerência mais longos é uma das prioridades de investigação mais importantes no desenvolvimento de computadores quânticos, uma vez que influencia diretamente o desempenho e a praticabilidade destes sistemas. Quanto maior for o tempo de coerência de um qubit, mais operações podem teoricamente ser efectuadas sobre ele antes que a decoerência torne os cálculos não fiáveis. Isto permite algoritmos mais complexos e a resolução de problemas mais exigentes. Para aumentar os tempos de coerência, os cientistas estão a explorar várias abordagens, tais como melhorar o isolamento físico dos qubits, desenvolver qubits menos susceptíveis a influências ambientais e aplicar técnicas avançadas de correção de erros que possam compensar os efeitos da decoerência.

Além disso, o tempo de coerência é um fator crucial para a escalabilidade dos computadores quânticos. Para aplicações práticas, os sistemas quânticos devem ser capazes de processar milhares ou mesmo milhões de qubits, mantendo simultaneamente um tempo de coerência suficiente para efetuar cálculos significativos. Para tal, são necessários avanços não só na ciência dos materiais e na tecnologia quântica, mas também na física teórica e na algoritmia, a fim de desenvolver métodos eficientes para utilizar e proteger a coerência em sistemas quânticos complexos.

## Decoerência

A decoerência é um dos maiores obstáculos ao desenvolvimento e à expansão dos computadores quânticos. Trata-se de um desafio fundamental, uma vez que afecta diretamente a capacidade dos computadores quânticos para armazenar e processar informação. O processo de decoerência faz com que os estados quânticos dos qubits se "fundam" com o seu ambiente, resultando na perda de propriedades quânticas características, como a sobreposição e o emaranhamento. Na prática, isto significa que os qubits não podem manter o seu estado durante tempo suficiente para efetuar cálculos complexos antes de se degradarem para um estado clássico em que funcionam como bits convencionais.

As interacções que conduzem à decoerência podem ser de natureza diversa, incluindo influências térmicas, electromagnéticas e mesmo cósmicas. Qualquer interação com o ambiente externo, por mais pequena que seja, pode ser suficiente para perturbar a frágil superposição quântica de um qubit. Por conseguinte, a manutenção da coerência quântica exige condições ambientais extremamente controladas, como um frio profundo próximo do zero absoluto e a utilização de uma proteção contra a radiação electromagnética.

A investigação no domínio da tecnologia de computação quântica está fortemente centrada na procura de formas de minimizar a decoerência e de aumentar os tempos de coerência dos qubits. Uma abordagem consiste em desenvolver qubits que sejam inerentemente mais resistentes à decoerência. Isto inclui, por exemplo, os qubits topológicos, que se baseiam nos princípios da computação quântica topológica e são teoricamente mais estáveis contra perturbações locais. Outra abordagem é a utilização de métodos de correção dinâmica e de códigos de correção de erros, que permitem reconhecer e corrigir os erros causados pela decoerência sem medir ou perturbar a própria informação quântica.

## Controlo da decoerência

O controlo ou a minimização da decoerência é um desafio técnico importante na tecnologia da computação quântica. Os investigadores e engenheiros estão a desenvolver várias estratégias para aumentar os tempos de coerência dos qubits e minimizar os efeitos de decoerência:

## Isolamento de qubits

A minimização das interacções entre os qubits e o seu ambiente é crucial para retardar a decoerência e melhorar o desempenho dos computadores quânticos. São aplicadas várias soluções tecnológicas e técnicas avançadas para minimizar as perturbações externas que conduzem à decoerência. Eis alguns dos métodos mais importantes utilizados na tecnologia da computação quântica:

- Câmaras de vácuo: As câmaras de vácuo desempenham um papel importante na redução da decoerência, removendo o ar e outros gases que poderiam interagir com os qubits. Ao criar um ambiente quase livre de partículas, a probabilidade de colisões entre os qubits e as moléculas de ar é reduzida, resultando num ambiente quântico mais estável. Isto é particularmente importante para experiências e computadores quânticos que dependem de sistemas como os qubits baseados em armadilhas de iões, em que as partículas carregadas servem de qubits.

- Crio-arrefecimento: O crio-arrefecimento é outra tecnologia essencial para retardar a decoerência. Muitos sistemas de computação quântica, especialmente os baseados em qubits supercondutores, requerem temperaturas extremamente baixas, frequentemente apenas alguns milikelvin acima do zero absoluto. A estas temperaturas, quase toda a atividade térmica é grandemente reduzida, minimizando a interação dos qubits com o seu ambiente e prolongando os tempos de coerência. O arrefecimento criogénico também ajuda a reduzir a excitação térmica dos próprios qubits, que é outra fonte potencial de decoerência.

- Blindagem: A blindagem contra a radiação electromagnética é crucial para minimizar a interferência externa que poderia perturbar os estados quânticos dos qubits. Isto inclui a proteção contra a radiação de radiofrequência, os campos magnéticos e até os raios cósmicos. Ao utilizar materiais que absorvem ou reflectem as ondas electromagnéticas, os investigadores podem preservar a integridade da informação quântica nos qubits.

- Para além das técnicas de blindagem física, os investigadores estão também a desenvolver códigos avançados de correção de erros e técnicas dinâmicas de cancelamento da decoerência.

Estes métodos visam corrigir ou compensar os efeitos da decoerência mesmo quando esta ocorre. Através da aplicação de algoritmos complexos, os computadores quânticos podem reconhecer e corrigir potenciais erros sem destruir a própria informação quântica.

- Desenvolvimento de novos sistemas de qubits: Por último, estão em curso trabalhos para desenvolver novos tipos de qubits que sejam naturalmente menos susceptíveis à decoerência. Isto poderia reduzir a necessidade de controlos ambientais extremamente rigorosos e facilitar a aplicação prática dos computadores quânticos.

Estes métodos e tecnologias são importantes para fazer avançar a tecnologia da computação quântica e ultrapassar os desafios colocados pela decoerência. Ao melhorar continuamente estas técnicas e ao desenvolver novas abordagens para controlar o ambiente quântico, os cientistas estão a tentar ultrapassar os limites do que é possível com os computadores quânticos.

## Correção de erros e tolerância a erros

O desenvolvimento de códigos quânticos de correção de erros e de algoritmos tolerantes a falhas representa um avanço decisivo na tecnologia dos computadores quânticos. Estas abordagens permitem que os computadores quânticos efectuem cálculos correctos apesar da inevitável decoerência e de outras fontes de erro. Os códigos quânticos de correção de erros funcionam através da distribuição da informação quântica por múltiplos qubits, de modo a que, mesmo que alguns qubits sejam afectados por decoerência ou outras perturbações, a informação original possa ser reconstruída a partir dos restantes qubits sem erros.

- Correção quântica de erros: A ideia básica da correção quântica de erros é semelhante à da correção clássica de erros, mas é muito mais complexa devido à natureza quântica da informação - como a sobreposição e o emaranhamento. Os códigos de correção de erros quânticos utilizam o emaranhamento para distribuir estados quânticos por um grupo de qubits, de tal forma que os erros que afectam um único qubit ou um pequeno grupo de qubits podem ser detectados e corrigidos sem medir a própria informação quântica. Isto permite evitar os efeitos destrutivos da decoerência, uma vez que a informação não é armazenada nos qubits individuais mas no seu estado coletivo.

- Algoritmos tolerantes a falhas: Os algoritmos quânticos tolerantes a falhas são aqueles que são concebidos para funcionar corretamente mesmo na presença de erros causados pelas imperfeições dos qubits e das operações. Estes algoritmos são concebidos para utilizar eficazmente as correcções fornecidas pelos códigos de correção de erros para garantir que os cálculos produzam resultados fiáveis.

- Recursos necessários: A implementação de algoritmos quânticos de correção de erros e de tolerância a falhas exige um aumento significativo do número de qubits num computador quântico. Por cada qubit lógico utilizado para computação, podem ser necessárias dezenas ou mesmo centenas de qubits físicos para proporcionar a redundância necessária a uma correção de erros eficaz. Este requisito representa um desafio técnico significativo, uma vez que agrava as dificuldades já existentes de escalonamento dos sistemas de computação quântica e de manutenção da coerência num grande número de qubits.

Apesar dos desafios, a correção quântica de erros e os algoritmos tolerantes a falhas constituem uma forma viável de permitir uma computação quântica fiável, sendo, por isso, uma área de investigação ativa. A melhoria contínua da qualidade dos qubits, o aumento dos tempos de coerência e o desenvolvimento de códigos de correção de erros mais eficientes poderão ajudar a reduzir o número necessário de qubits físicos e tornar realidade os computadores quânticos tolerantes a falhas.

**Supressão dinâmica da decoerência**

A supressão dinâmica da decoerência (DDS) representa uma estratégia avançada para combater a decoerência em sistemas quânticos. Esta técnica implica a utilização de sequências de controlo especialmente concebidas para minimizar os efeitos negativos das perturbações ambientais na coerência dos qubits. A DDS visa prolongar ativamente os tempos de coerência dos qubits, anulando as perturbações externas e internas que conduzem à decoerência. Isto permite que os qubits mantenham os seus estados mecânicos quânticos durante períodos de tempo mais longos, o que é crucial para efetuar cálculos quânticos complexos.

- Princípios básicos da supressão dinâmica da decoerência: A supressão dinâmica da decoerência baseia-se na manipulação precisa dos qubits por uma sequência de impulsos de controlo. Estes impulsos são concebidos para detetar e neutralizar tipos específicos de perturbações que actuam sobre um qubit. As sequências de controlo funcionam como um sistema de estabilização que protege os qubits dos "choques" do mundo exterior.

- Implementação: A implementação do DDS requer uma compreensão profunda dos mecanismos específicos que conduzem à decoerência num determinado sistema quântico. Isto inclui o conhecimento dos tipos de perturbações, as suas frequências e amplitudes. Com esta informação, os investigadores podem desenvolver sequências de controlo personalizadas que contrariem especificamente estas perturbações. As sequências podem consistir numa variedade de operações físicas, como impulsos electromagnéticos, que são dirigidos aos qubits para corrigir os seus estados ao longo do tempo e mantê-los estáveis.

Embora a supressão da decoerência dinâmica seja uma abordagem promissora, também coloca desafios. O desenvolvimento de sequências de controlo eficazes exige um conhecimento preciso da dinâmica específica do sistema quântico e das interacções com o seu ambiente. Além disso, os impulsos de controlo devem ser aplicados com grande precisão para evitar perturbações indesejadas que possam introduzir erros adicionais no sistema. Isto requer técnicas experimentais sofisticadas e a capacidade de manipular sistemas quânticos com uma precisão extraordinária.

Apesar dos desafios técnicos, o cancelamento dinâmico da decoerência é uma forma promissora de melhorar o desempenho dos computadores quânticos. Ao alargar os tempos de coerência, abre a possibilidade de executar algoritmos mais complexos e de alargar os limites do que pode ser alcançado com a tecnologia quântica. A investigação e o desenvolvimento contínuos neste domínio poderão conduzir a métodos ainda mais eficazes de supressão da decoerência e dar um contributo importante para a realização de computadores quânticos práticos.

**Importância para a tecnologia dos computadores quânticos**

Os esforços de investigação em curso no domínio da tecnologia da computação quântica visam ultrapassar os desafios da conservação da coerência e do controlo da decoerência para lançar as bases de sistemas quânticos práticos. A capacidade de manter os estados quânticos estáveis durante longos períodos de tempo é crucial, pois influencia diretamente a complexidade e a natureza dos problemas que podem ser resolvidos com os computadores quânticos. Os avanços nestas áreas poderão permitir aos computadores quânticos resolver tarefas que são impraticáveis ou impossíveis para os computadores clássicos devido a limitações de tempo ou de recursos computacionais.

- Ciência dos materiais: Um aspeto essencial da investigação incide no desenvolvimento de novos materiais e de concepções de qubits que sejam inerentemente mais resistentes às influências ambientais, permitindo assim tempos de coerência mais longos. A descoberta e aplicação de materiais que possam funcionar a temperaturas mais elevadas ou em condições menos restritivas poderia reduzir significativamente os custos de funcionamento e a complexidade dos sistemas de computação quântica.

- Correção de erros e tolerância a falhas: O aperfeiçoamento e a aplicação de códigos quânticos de correção de erros e de algoritmos tolerantes a falhas é outra área fundamental de investigação. Estas técnicas permitem detetar e corrigir erros causados por processos de decoerência inevitáveis, aumentando assim a fiabilidade dos cálculos quânticos. O desenvolvimento de métodos de correção de erros mais eficientes poderá reduzir o número de qubits físicos necessários por qubit lógico e melhorar a praticabilidade dos computadores quânticos.

- Técnicas de controlo e blindagem: A investigação em técnicas avançadas de controlo e blindagem, incluindo o cancelamento dinâmico da decoerência, visa controlar com precisão as interacções dos qubits com o seu ambiente. Através da aplicação de sequências de impulsos específicas e da conceção de sistemas protegidos contra perturbações externas, os cientistas podem minimizar os efeitos da decoerência. O desenvolvimento futuro destas tecnologias promete um aumento significativo dos tempos de coerência.

- Escalabilidade e integração de sistemas: A fim de realizar sistemas quânticos utilizáveis na prática, é necessário encontrar soluções para o escalonamento de computadores quânticos que possam integrar e gerir eficazmente um grande número de qubits. Tal inclui o desenvolvimento de arquitecturas e plataformas tecnológicas que permitam uma comunicação e interação fiáveis entre qubits a longas distâncias e em redes complexas.

A realização destes objectivos exige uma colaboração multidisciplinar entre físicos, engenheiros, cientistas dos materiais e cientistas informáticos. Os progressos contínuos nestes domínios prometem não só o desenvolvimento de computadores quânticos capazes de resolver problemas complexos de forma eficiente, mas também a abertura de novas áreas de investigação e aplicações em criptografia, ciência dos materiais, síntese química e muitos outros domínios. A melhoria contínua do desempenho dos computadores quânticos alargará, sem dúvida, a nossa compreensão do mundo e poderá abrir as portas a uma nova era tecnológica.

## Aplicações da interferência quântica

A interferência quântica é um fenómeno que decorre dos princípios básicos da mecânica quântica. Ilustra a forma como as partículas quânticas, tais como electrões, fotões ou átomos inteiros, podem apresentar propriedades ondulatórias. Esta capacidade das partículas de se moverem no espaço e no tempo, criando padrões de onda que se podem sobrepor, conduz a padrões de interferência que estão normalmente associados a ondas clássicas, como as ondas de água ou as ondas sonoras.

## Paralelismo quântico

A capacidade única dos computadores quânticos de efectuarem múltiplos cálculos em simultâneo está intimamente ligada ao fenómeno da interferência quântica. Esta propriedade permite que os computadores quânticos utilizem o seu imenso poder de computação e oferece uma vantagem fundamental sobre os computadores clássicos.

A interferência quântica permite sobrepor as amplitudes das funções de onda correspondentes aos diferentes estados quânticos, de tal forma que a interferência construtiva aumenta a probabilidade dos resultados desejados, enquanto a interferência destrutiva reduz a probabilidade dos resultados indesejados. Através de operações quânticas cuidadosamente concebidas (portas quânticas), as fases dos qubits podem ser ajustadas de modo a que as suas funções de onda interfiram da forma desejada no final do cálculo. Exemplos disto são

- Algoritmo de Shor: Utiliza a interferência quântica para fatorizar grandes números de forma eficiente. Os padrões de interferência gerados pelos cálculos quânticos ajudam a determinar a periodicidade de uma função, que é um passo fundamental na factorização.

- Algoritmo de Grover: Um algoritmo de pesquisa que utiliza interferência quântica para aumentar a probabilidade de encontrar o resultado de pesquisa correto numa base de dados não ordenada, permitindo que a solução seja encontrada muito mais rapidamente do que com qualquer algoritmo clássico.

O desafio da utilização da interferência quântica reside no controlo preciso das fases dos qubits e na manutenção da coerência dos qubits ao longo do tempo. Qualquer forma de decoerência pode perturbar os padrões de interferência e prejudicar o desempenho computacional. Os avanços nas áreas da correção de erros, da conceção dos qubits e da blindagem do sistema são cruciais para ultrapassar estes desafios e aproveitar todo o poder da interferência quântica.

## Criptografia quântica

A interferência quântica também desempenha um papel importante na criptografia quântica, especialmente em protocolos como o BB84, que foi concebido para a troca segura de chaves. Embora o protocolo BB84 se baseie principalmente nos princípios da incerteza quântica e da teoria da não clonagem, o conceito de interferência quântica pode desempenhar um papel central em cenários de comunicação quântica relacionados ou em extensões do BB84 e de outros protocolos baseados em efeitos de interferência.

No seu núcleo, o protocolo BB84 utiliza a incerteza quântica, enviando e recebendo estados quânticos em bases diferentes. Uma tentativa de escuta neste contexto perturba inevitavelmente o estado dos qubits devido ao processo de medição, conduzindo a erros reconhecíveis na troca de chaves. Esta perturbação pode ser interpretada como uma alteração das expectativas em relação aos padrões de interferência quântica, embora o protocolo se baseie diretamente na impossibilidade de medir o estado de um sistema quântico sem perturbação. Mais sobre este assunto mais tarde.

Noutros contextos da criptografia quântica, como os protocolos de distribuição de chaves quânticas explicitamente baseados em padrões de interferência quântica, o papel da interferência quântica é mais direto. Os protocolos baseados na sobreposição e interferência de estados quânticos utilizam os padrões de interferência sensíveis para monitorizar a integridade da comunicação. Qualquer interferência de um espião altera os padrões de interferência de uma forma que pode ser detectada pelas partes comunicantes.

Nos protocolos baseados na interferência quântica, uma série de qubits é normalmente enviada em estados especialmente preparados para gerar padrões de interferência específicos. Uma intervenção ou tentativa de medição por parte de um terceiro perturbaria estes padrões. Esta interferência manifestar-se-ia num aumento da taxa de erro nos dados transmitidos, sinalizando aos participantes que a segurança da sua comunicação foi comprometida.

O desenvolvimento futuro da criptografia quântica poderá assentar cada vez mais na utilização da interferência quântica, a fim de desenvolver protocolos de comunicação ainda mais seguros. Uma vez que os padrões de interferência são extremamente sensíveis a perturbações, oferecem uma ferramenta poderosa para garantir a segurança da informação transmitida. As experiências e os protocolos baseados na interferência quântica distribuída poderão constituir a base para futuras redes de comunicação quântica que ofereçam uma segurança sem precedentes.

A utilização da interferência quântica em aplicações práticas também coloca desafios, em especial a necessidade de manter elevadas taxas de coerência dos qubits ao longo do tempo. Qualquer forma de decoerência pode perturbar os padrões de interferência, afectando assim a precisão e a fiabilidade dos cálculos quânticos.

## Conclusão

A interferência quântica é um princípio fundamental da mecânica quântica e constitui a espinha dorsal de muitas tecnologias e métodos no mundo da computação quântica. Ao compreenderem e manipularem os padrões de interferência quântica, os investigadores podem alargar os limites do processamento de informação e abrir novas possibilidades na tecnologia informática, na criptografia e não só. Apesar dos desafios técnicos associados à realização de sistemas quânticos coerentes e moduláveis, a continuação da investigação sobre a interferência quântica promete um progresso emocionante no sentido da plena realização do potencial dos computadores quânticos.

# Computadores clássicos vs. computadores quânticos

A comparação entre os computadores clássicos e os computadores quânticos realça não só a diferença no seu funcionamento, mas também nas suas potenciais aplicações e limitações. Enquanto os computadores clássicos constituem a base da atual tecnologia digital, os computadores quânticos oferecem uma forma fundamentalmente nova de processar informação baseada nos princípios da mecânica quântica.

## Princípios básicos de funcionamento

A diferença fundamental entre os computadores clássicos e os computadores quânticos reside na forma como processam e armazenam a informação. Estas diferenças abrem potencialidades para os computadores quânticos que vão muito além do que é possível com os computadores clássicos, especialmente para certos tipos de problemas.

Os computadores clássicos baseiam-se em bits como unidades básicas de informação. Um bit é a quantidade mais pequena de dados e pode ter um de dois estados: 0 ou 1. Estes estados binários são a base do processamento clássico da informação, em que cálculos complexos são efectuados através da combinação de operações lógicas (como AND, OR e NOT) nestes bits. O desempenho dos computadores clássicos, dos smartphones aos super-computadores, baseia-se na miniaturização crescente dos componentes de processamento de bits, o que conduz a um aumento constante da capacidade de computação. No entanto, os computadores clássicos continuam a ser fundamentalmente sequenciais na sua capacidade de computação, mesmo que sejam utilizadas técnicas como o processamento paralelo para aumentar a eficiência.

Os computadores quânticos, por outro lado, utilizam bits quânticos ou qubits, que, ao contrário dos bits clássicos, aplicam os princípios da mecânica quântica. Um qubit pode existir não só nos estados 0 ou 1, mas também numa sobreposição de ambos os estados em simultâneo. Esta sobreposição permite que um único qubit transporte mais informação do que um bit clássico. Além disso, os qubits podem ser ligados uns aos outros através do fenómeno de emaranhamento quântico, em que o estado de um qubit pode influenciar diretamente o estado de outro, independentemente da distância entre eles. Estas propriedades permitem aos computadores quânticos efetuar uma enorme quantidade de cálculos em paralelo.

A utilização da interferência quântica permite também aos computadores quânticos selecionar, de entre um grande número de caminhos de cálculo possíveis, aqueles que conduzem à solução desejada. Isto permite que os computadores quânticos resolvam certos problemas, como a factorização de grandes números (importante para a criptografia) ou a simulação de sistemas quânticos (importante para a ciência dos materiais e a farmácia), potencialmente muito mais depressa do que os computadores clássicos.

Enquanto os computadores clássicos continuam a ser indispensáveis ao público em geral e à indústria para tarefas como o processamento de texto, a gestão de bases de dados e muitos tipos de desenvolvimento de software, os computadores quânticos oferecem soluções para problemas anteriormente inacessíveis. No entanto, a investigação e o desenvolvimento no domínio da tecnologia de computação quântica enfrentam ainda desafios técnicos significativos, incluindo a estabilização dos qubits e o escalonamento dos sistemas quânticos.

A computação quântica está ainda numa fase inicial de desenvolvimento, mas os avanços na tecnologia quântica irão revolucionar a forma como pensamos o processamento de dados e a resolução de problemas a médio e longo prazo. A natureza paralela da computação quântica, juntamente com a capacidade de efetuar simulações complexas e de permitir novas formas de criptografia, aponta para um enorme potencial para além do que é possível com as tecnologias de computação clássicas.

## Capacidade de cálculo e domínios de aplicação

A capacidade computacional e as áreas de aplicação dos computadores clássicos e dos computadores quânticos reflectem os princípios fundamentalmente diferentes em que estas tecnologias se baseiam. Cada uma tem os seus próprios pontos fortes e é mais adequada a determinados tipos de tarefas.

A força dos computadores clássicos reside na sua versatilidade e eficiência para uma vasta gama de tarefas. São indispensáveis para aplicações quotidianas, como o processamento de texto, a navegação na Internet, a reprodução de multimédia e a execução de software empresarial. São também capazes de efetuar cálculos científicos complexos e análises de dados, que são de importância fulcral em muitas áreas da investigação e da indústria. A sua arquitetura permite-lhes processar grandes quantidades de dados de forma rápida e eficiente, recorrendo a uma enorme e crescente biblioteca de algoritmos optimizados para uma variedade de problemas.

Os computadores quânticos, por outro lado, são conhecidos pelas suas potenciais vantagens em problemas específicos, particularmente de computação intensiva. A sua capacidade única de utilizar estados de sobreposição e emaranhamento permite-lhes encontrar soluções para problemas que os computadores clássicos não seriam capazes de resolver de todo ou apenas com um dispêndio de tempo e energia impraticável:

- Factorização de números grandes: Os computadores quânticos poderiam comprometer a segurança dos actuais sistemas de criptografia devido à dificuldade deste problema. O algoritmo de Shor, que funciona em computadores

53

quânticos, pode fatorizar grandes números de forma eficiente, o que é praticamente impossível para os computadores clássicos.

- Pesquisa em bases de dados não ordenadas: o algoritmo de Grover demonstra a capacidade dos computadores quânticos para melhorar significativamente a eficiência das pesquisas em grandes conjuntos de dados não ordenados, reduzindo drasticamente o número de passos necessários em comparação com os algoritmos clássicos.

- Simulação de sistemas quânticos: Talvez uma das aplicações mais promissoras dos computadores quânticos seja a simulação de sistemas quânticos complexos. Isto poderia permitir avanços revolucionários na ciência dos materiais, permitindo aos investigadores prever com exatidão o comportamento de átomos e moléculas no desenvolvimento de novos materiais e medicamentos.

As potenciais aplicações dos computadores quânticos poderão permitir avanços revolucionários em vários domínios:

- Ciência dos materiais: A simulação exacta das propriedades dos materiais a nível quântico poderá levar ao desenvolvimento de novos materiais com propriedades personalizadas.
- Criptografia: Para além do risco de comprometer os sistemas de cifragem existentes, os

computadores quânticos fornecem também a base para novos métodos de cifragem quântica, teoricamente inquebráveis.

- Problemas de otimização: Muitas áreas da ciência e da indústria, desde a logística à análise financeira, poderão beneficiar de algoritmos quânticos que resolvam problemas de otimização de forma mais eficiente.

Enquanto os computadores clássicos continuam a ser os cavalos de batalha do processamento de informação, os computadores quânticos oferecem soluções para desafios anteriormente inacessíveis. A coexistência e integração de ambas as tecnologias poderá redefinir as fronteiras do que é possível fazer com a computação e impulsionar a inovação em quase todos os domínios da ciência e da indústria.

## Escalabilidade e estabilidade

As diferenças em termos de escalabilidade e estabilidade entre os computadores clássicos e os computadores quânticos sublinham os respectivos desafios e oportunidades tecnológicos que caracterizam ambas as áreas.

Os computadores clássicos beneficiam de décadas de desenvolvimento e otimização no que diz respeito à sua arquitetura. A sua escalabilidade baseia-se em princípios relativamente simples: Muitas vezes, é possível obter mais desempenho adicionando mais processadores (ou núcleos de computação), mais RAM ou soluções de armazenamento maiores. Esta modularidade e expansibilidade conduziram aos sistemas informáticos poderosos e versáteis que são atualmente utilizados em quase todos os aspectos da vida moderna.

A estabilidade e a fiabilidade dos computadores clássicos são também o resultado de uma extensa investigação e desenvolvimento. Mecanismos avançados de correção de erros e técnicas robustas de integridade de dados garantem que os sistemas funcionam corretamente, mesmo em caso de falhas de hardware ou de falhas externas. Estes sistemas são concebidos para serem tolerantes a falhas, o que significa que podem continuar a funcionar mesmo no caso de falhas de componentes individuais.

Os computadores quânticos, pelo contrário, enfrentam desafios únicos e significativos em termos de escalabilidade e estabilidade. Os princípios fundamentais que tornam os computadores quânticos tão poderosos - a sobreposição e o emaranhamento - são também a fonte dos seus maiores desafios. Os Qubits têm de ser mantidos num estado quântico controlado com precisão, o que é extremamente difícil devido às interacções com o ambiente (decoerência). Este problema torna-se mais acentuado à medida que aumenta o número de qubits e a complexidade dos circuitos quânticos.

A correção quântica de erros é um elemento-chave para ultrapassar os desafios da decoerência e de outras fontes de erro. Ao contrário dos sistemas clássicos, em que a correção de erros é conseguida através de redundância e de algoritmos de correção simples, a correção de erros em sistemas quânticos exige abordagens mais complexas e subtis. Uma vez que a medição de um estado quântico o altera, os códigos de correção de erros quânticos devem ser concebidos para detetar e corrigir erros sem perturbar a frágil informação quântica.

Apesar destes desafios, os potenciais benefícios dos computadores quânticos são enormes, especialmente para tarefas que ultrapassam os computadores clássicos. A investigação ativa em áreas como a correção de erros quânticos, o desenvolvimento de concepções de qubits mais estáveis e de algoritmos eficientes para controlar os sistemas quânticos está a aproximar gradualmente a realização de computadores quânticos práticos. Os desenvolvimentos paralelos da tecnologia de computação clássica e da tecnologia de computação quântica prometem um futuro em que ambas as tecnologias serão utilizadas de forma complementar para resolver uma vasta gama de problemas, desde a investigação fundamental até às aplicações práticas na indústria e na tecnologia.

**Estado de desenvolvimento e acessibilidade**

O desenvolvimento e a utilização dos computadores clássicos em comparação com os computadores quânticos reflectem claramente os diferentes níveis de maturidade e os diferentes domínios de aplicação destas tecnologias.

A tecnologia subjacente aos computadores clássicos tem evoluído continuamente ao longo de décadas, dando origem a uma extraordinária variedade de dispositivos que são utilizados em quase todos os aspectos da vida quotidiana e em quase todos os sectores. Os computadores clássicos são a base da sociedade da informação moderna, permitindo tudo, desde a comunicação básica e tarefas organizacionais até cálculos científicos complexos e análise de dados. A sua tecnologia é sofisticada e fiável, o que os torna atraentes tanto para os consumidores como para as empresas. Graças à vasta gama de formatos disponíveis - desde servidores potentes que constituem a espinha dorsal da Internet e das grandes redes empresariais a dispositivos móveis que cabem no seu bolso - os computadores clássicos podem ser utilizados de forma flexível numa grande variedade de aplicações.

Os computadores quânticos, por outro lado, oferecem um potencial revolucionário para a resolução de certas categorias de problemas que os computadores clássicos não conseguem resolver ou só conseguem resolver com um esforço proibitivamente elevado. Apesar dos avanços significativos na tecnologia da computação quântica e do interesse crescente tanto do meio académico como da indústria, esta tecnologia encontra-se ainda numa fase inicial de desenvolvimento. Atualmente, os computadores quânticos são sobretudo ferramentas de investigação e desenvolvimento. Alguns modelos foram disponibilizados através de serviços em nuvem, permitindo que investigadores e programadores de todo o mundo experimentem algoritmos quânticos e explorem o potencial desta nova forma de computação. No entanto, os computadores quânticos ainda não estão prontos para uma utilização generalizada na prática. Os desafios em termos de estabilidade, escalabilidade e suscetibilidade a erros exigem mais investigação e desenvolvimento intensivos.

Embora os computadores clássicos continuem a desempenhar um papel central na nossa vida quotidiana e na economia global, os cientistas e engenheiros estão a trabalhar para alargar os limites da tecnologia de computação quântica. O objetivo é desenvolver computadores quânticos para que possam ser utilizados de forma complementar aos computadores clássicos, especialmente em tarefas em que oferecem uma vantagem única. Isto poderá anunciar uma nova era no processamento da informação, em que as forças combinadas de ambos os tipos de computadores serão utilizadas para resolver problemas complexos na ciência, na medicina, na ciência dos materiais e noutros domínios que anteriormente eram inacessíveis.

Os computadores clássicos e os computadores quânticos não são concorrentes directos, antes se complementam em muitos aspectos. Os sistemas clássicos continuarão a ser indispensáveis para a grande maioria das tarefas de computação e para as aplicações quotidianas. Os computadores quânticos, por outro lado, poderão oferecer soluções para problemas que anteriormente eram considerados intransponíveis, abrindo novos horizontes na ciência e na tecnologia. No futuro, poderá assistir-se a uma combinação de ambas as abordagens, com os computadores quânticos e clássicos a trabalharem em conjunto para maximizarem os seus respectivos pontos fortes.

# O desenvolvimento de computadores quânticos

## Fase inicial da investigação e fundamentos teóricos

A fase inicial da investigação e o desenvolvimento dos fundamentos teóricos da tecnologia da computação quântica estão intimamente ligados às descobertas fundamentais da mecânica quântica. A própria mecânica quântica começou a estabelecer-se como um domínio distinto da física no início do século XX, com o trabalho pioneiro de físicos como Max Planck, Albert Einstein, Niels Bohr, Werner Heisenberg, Erwin Schrödinger e muitos outros. Estes fundamentos teóricos constituíram a base para a compreensão do comportamento único e muitas vezes não intuitivo da matéria e da energia às escalas mais pequenas.

No entanto, a ideia do computador quântico, tal como a conhecemos atualmente, só começou a tomar forma na década de 1980. Alguns momentos e contribuições fundamentais contribuíram significativamente para o desenvolvimento dos fundamentos teóricos:

## Richard Feynman (1981)

Richard Feynman, um dos físicos mais brilhantes e influentes do século XX, desempenhou um papel decisivo na concetualização da ideia de computação quântica. As suas ideias e propostas lançaram as bases para todos os desenvolvimentos subsequentes no domínio da computação quântica. Durante o seu famoso discurso na Conferência de Física de 1981, frequentemente citado como "Simulando a Física com Computadores", Feynman apresentou uma ideia fundamental relacionada com as limitações dos computadores clássicos na simulação de sistemas mecânicos quânticos.

Feynman argumentou que os computadores clássicos são inerentemente incapazes de simular eficazmente os sistemas quânticos. A razão para tal reside na natureza da própria mecânica quântica, que se caracteriza pela sobreposição, emaranhamento e não-localidade - fenómenos que não têm contrapartida direta no mundo da física clássica. Um computador clássico baseado em bits binários teria de utilizar recursos exponencialmente crescentes para conseguir sequer aproximar-se do espaço de estados de um sistema quântico.

A brilhante ideia de Feynman foi que um computador que utilizasse os princípios da mecânica quântica - ou seja, um computador quântico - seria capaz de ultrapassar estas limitações. Um tal dispositivo poderia simular nativamente sistemas quânticos, utilizando diretamente as propriedades mecânicas quânticas da matéria para efetuar cálculos.

Esta ideia foi revolucionária porque abriu caminho a um paradigma completamente novo de processamento de informação. Em vez de tentar simular a mecânica quântica dentro dos limites de um modelo computacional clássico, Feynman propôs a utilização das regras da própria mecânica quântica como base para cálculos e simulações. Isto abriu a possibilidade teórica de resolver problemas inacessíveis aos computadores clássicos, incluindo a simulação de moléculas e materiais, problemas de otimização e o desenvolvimento de novos tipos de algoritmos quânticos.

A conferência de Feynman inspirou gerações de físicos, matemáticos e cientistas informáticos a desenvolverem os conceitos e tecnologias necessários para a criação de computadores quânticos. Embora os desafios técnicos sejam enormes e a tecnologia da computação quântica ainda esteja a dar os primeiros passos, a investigação em curso já conduziu a avanços significativos. Também aprofundou a nossa compreensão dos fundamentos da mecânica quântica e das suas aplicações no processamento da informação.

As ideias visionárias de Feynman são um exemplo brilhante de como os conhecimentos teóricos profundos podem moldar a direção do desenvolvimento científico e tecnológico. A sua contribuição para a computação quântica continua a ser um legado central na história da ciência dos computadores e da física quântica.

## David Deutsch (1985)

David Deutsch, um físico britânico, desempenhou um papel crucial no desenvolvimento dos fundamentos teóricos da computação quântica com a sua formulação do conceito de máquina de Turing quântica na década de

1980. Este trabalho, frequentemente considerado como um marco na tecnologia da computação quântica, alargou o modelo clássico da máquina de Turing, que constitui a base para a compreensão do que significa efetuar uma computação, ao domínio quântico.

O conceito de máquina de Turing quântica de Deutsch foi a primeira tentativa rigorosa de alargar o modelo tradicional da máquina de Turing - um modelo de máquina abstrato que representa os princípios da computação algorítmica - aos sistemas quânticos. Enquanto uma máquina de Turing clássica se baseia em estados binários (bits) e utiliza transições determinísticas entre esses estados, uma máquina de Turing quântica utiliza bits quânticos (qubits), que podem estar em estados de sobreposição, e processa a informação através de transições quânticas.

O trabalho de Deutsch forneceu uma base formal para a teoria da computação quântica e mostrou que os computadores quânticos podem potencialmente resolver certos tipos de problemas de forma mais eficiente do que os computadores clássicos. Uma diferença fundamental entre as máquinas de Turing clássicas e quânticas reside na sua capacidade de efetuar cálculos em paralelo. Devido aos fenómenos quânticos de sobreposição e emaranhamento, as máquinas de Turing quânticas podem efetuar um número exponencial de cálculos em simultâneo, o que lhes confere uma vantagem teórica para determinados problemas.

As ideias de Deutsch abriram a porta ao desenvolvimento de algoritmos quânticos específicos que utilizam as propriedades únicas dos computadores quânticos. Os exemplos incluem o algoritmo de Shor para a factorização de números grandes e o algoritmo de Grover para a pesquisa em bases de dados não ordenadas. Ambos os algoritmos demonstram a superioridade dos computadores quânticos em relação aos computadores clássicos para problemas específicos.

Ao formular o conceito de máquina de Turing quântica, David Deutsch não só lançou as bases teóricas da computação quântica, como também forneceu o quadro concetual que permitiu explorar os limites e as possibilidades desta nova forma de processamento de informação. O seu trabalho demonstrou que os princípios da mecânica quântica não só revelam fenómenos físicos fascinantes, como também podem ter aplicações práticas no processamento de informação que têm o potencial de alterar fundamentalmente o panorama da tecnologia informática.

## Peter Shor (1994)

Peter Shor, um matemático americano e professor do Massachusetts Institute of Technology (MIT), fez um avanço revolucionário na tecnologia dos computadores quânticos com o desenvolvimento do algoritmo Shor, que recebeu o seu nome em 1994. Este algoritmo demonstra a capacidade de um computador quântico para fatorizar números grandes nos seus factores primos num tempo que escala polinomialmente com o comprimento dos números. Isto contrasta fortemente com os algoritmos mais conhecidos para computadores clássicos, cujo tempo de execução aumenta exponencialmente com o comprimento do número a ser factorizado.

A factorização de números grandes é um problema clássico da teoria dos números, mas tem aplicações práticas na criptografia, especialmente no contexto do método de encriptação RSA, amplamente utilizado. A segurança do RSA baseia-se no pressuposto de que a factorização de um número grande, que é o produto de dois números primos grandes, é praticamente impossível para os computadores clássicos. A descoberta de Shor mostrou que este pressuposto já não é sustentável na era dos computadores quânticos, uma vez que existe um algoritmo quântico eficiente que pode resolver esta tarefa.

A capacidade potencial dos computadores quânticos para executar o algoritmo Shor tem implicações profundas na segurança da maioria dos sistemas criptográficos actuais. Sublinha a necessidade de desenvolver novos esquemas criptográficos que permaneçam seguros na era dos computadores quânticos, conhecida como criptografia pós-quântica.

O desenvolvimento do algoritmo Shor actuou como catalisador do interesse e do investimento na tecnologia da computação quântica. A perspetiva de resolver problemas práticos inacessíveis aos computadores clássicos motivou tanto a investigação académica como a indústria a impulsionar o desenvolvimento de computadores quânticos. Isto levou a um aumento significativo dos esforços para a realização de computadores quânticos práticos, incluindo o desenvolvimento de hardware, mecanismos de correção de erros e outros algoritmos que exploram as vantagens únicas dos computadores quânticos.

O trabalho de Peter Shor sobre o algoritmo de Shor marca um ponto de viragem na história da computação quântica e realça o potencial transformador desta tecnologia. Embora ainda não existam computadores quânticos práticos capazes de executar o algoritmo de Shor para grandes números, a mera possibilidade de tais cálculos já teve um impacto profundo na direção da investigação criptográfica e nas estratégias de segurança de dados. A contribuição de Shor continua a ser um exemplo brilhante da ligação entre a informática teórica e a física e o seu impacto na tecnologia e na sociedade.

## Lov Grover (1996)

Lov Grover, um investigador dos Bell Labs, deu um contributo significativo para o desenvolvimento da tecnologia de computação quântica ao apresentar, em 1996, um algoritmo que é atualmente conhecido como algoritmo de Grover. Este algoritmo mostra como os computadores quânticos podem pesquisar uma base de dados não ordenada de forma muito mais eficiente do que os computadores clássicos. Enquanto um computador clássico tem de pesquisar, em média, metade de todas as entradas da base de dados para encontrar o elemento pretendido, o algoritmo de Grover precisa apenas de cerca da raiz quadrada do número de entradas para obter o mesmo resultado.

O algoritmo de Grover utiliza a mecânica quântica, em particular o fenómeno da sobreposição quântica, para efetuar uma pesquisa paralela em todas as entradas da base de dados em simultâneo. Através de uma sequência inteligente de operações quânticas conhecida como amplificação de amplitude, o algoritmo aumenta sistematicamente a probabilidade de encontrar o elemento que está a ser procurado, enquanto diminui as probabilidades de todos os outros elementos. Após uma série de iterações do algoritmo, o elemento que está a ser procurado é identificado com elevada probabilidade quando é efectuada a medição do sistema quântico.

O algoritmo de Grover é um excelente exemplo do tipo de problema em que os computadores quânticos oferecem uma vantagem distinta sobre os computadores clássicos. É importante sublinhar que o algoritmo oferece uma vantagem de velocidade quadrática, o que significa que pode acelerar significativamente as pesquisas em grandes bases de dados. Isto contrasta com as vantagens exponenciais de velocidade observadas noutros algoritmos quânticos, como o algoritmo Shor. No entanto, a vantagem de velocidade é significativa na prática e demonstra o potencial dos computadores quânticos para resolver certas classes de problemas de forma mais eficiente.

Embora o algoritmo de Grover tenha sido desenvolvido especificamente para a tarefa de pesquisa de bases de dados, a sua técnica fundamental - a amplificação da amplitude - encontrou aplicações mais vastas noutras áreas, incluindo a aprendizagem automática, problemas de otimização e o desenvolvimento de novos algoritmos quânticos. Os princípios gerais subjacentes ao trabalho de Grover mostraram como o paralelismo quântico e a interferência podem ser utilizados para obter melhorias algorítmicas para além das abordagens clássicas.

O algoritmo de Grover continua a ser um elemento-chave na teoria da computação quântica e um exemplo brilhante das possibilidades práticas desta tecnologia emergente. Ilustra não só a forma como a mecânica quântica pode ser utilizada para resolver problemas quotidianos, mas também como os computadores quânticos são capazes de ultrapassar os limites do processamento clássico da informação. Embora a plena realização desta tecnologia ainda esteja no futuro, a contribuição de Grover fornece uma base sólida para compreender e explorar melhor o potencial da computação quântica.

Embora os fundamentos teóricos da computação quântica estejam agora firmemente estabelecidos, a investigação enfrenta desafios consideráveis no que respeita à sua aplicação prática. Estes desafios incluem a geração e manutenção de qubits em estados coerentes, o escalonamento de sistemas quânticos, a correção de erros num contexto quântico e o desenvolvimento de algoritmos quânticos eficientes.

Paralelamente, os desenvolvimentos teóricos em áreas como a correção quântica de erros e o desenvolvimento de novos algoritmos quânticos ajudaram a ultrapassar os obstáculos práticos e a preparar o caminho para a realização de computadores quânticos funcionais.

A fase inicial da investigação e os fundamentos teóricos da tecnologia da computação quântica reflectem uma mudança profunda na nossa compreensão da computação e do processamento da informação. Embora os conceitos e algoritmos iniciais tenham demonstrado o imenso poder potencial da computação quântica, os cientistas de todo o mundo continuam a ultrapassar desafios técnicos e teóricos para levar esta tecnologia à sua plena maturidade. A viagem desde os princípios fundamentais da mecânica quântica até aos computadores quânticos práticos é um exemplo fascinante da transformação de conceitos científicos abstractos em tecnologias revolucionárias.

# O desenvolvimento dos primeiros algoritmos quânticos

O desenvolvimento dos primeiros algoritmos quânticos marcou um ponto de viragem na história da informática e da física ao traduzir o potencial teórico dos computadores quânticos em vantagens computacionais práticas. Estes algoritmos ilustram a forma como os princípios básicos da mecânica quântica - sobreposição, emaranhamento e interferência - podem ser utilizados para resolver problemas de formas que estão para além do alcance dos computadores clássicos. Eis uma panorâmica dos primeiros algoritmos quânticos pioneiros e do seu significado:

## Algoritmo de Deutsch (1985)

David Deutsch desenvolveu o primeiro algoritmo quântico, conhecido como algoritmo de Deutsch, que resolve um problema específico: determinar se uma dada função binária é constante ou equilibrada. Embora este problema não tenha importância prática em si mesmo, o algoritmo demonstrou pela primeira vez a possibilidade de utilizar o paralelismo quântico para o processamento de informação, resolvendo o problema com uma única operação - um processo que teria exigido duas operações por meios clássicos.

71

**Algoritmo de German-Jozsa (1992)**

Expandido por Richard Jozsa, o algoritmo Deutsch-Jozsa alargou o problema original a funções com múltiplas entradas, tornando-se assim o primeiro exemplo de um algoritmo quântico que apresenta uma vantagem exponencial sobre qualquer algoritmo clássico determinístico possível. Este algoritmo demonstra de forma impressionante a superioridade dos computadores quânticos para certos tipos de problemas computacionais, mesmo que estes problemas sejam sobretudo de interesse académico.

**Algoritmo de Shor (1994)**

O desenvolvimento por Peter Shor de um algoritmo quântico para faturar grandes números e encontrar logaritmos discretos constituiu a primeira prova forte dos benefícios práticos da computação quântica. O algoritmo de Shor pode fatorizar grandes números exponencialmente mais rápido do que os algoritmos clássicos mais conhecidos, o que tem implicações importantes para a criptografia, especialmente para sistemas de encriptação como o RSA, que se baseiam na dificuldade de fatorizar grandes números.

**Algoritmo de Grover (1996)**

O algoritmo de Lov Grover para acelerar as pesquisas numa base de dados não ordenada oferecia uma vantagem de velocidade quadrática em relação aos algoritmos de pesquisa clássicos. Este algoritmo mostrou que os computadores quânticos podem oferecer vantagens não só para problemas matemáticos especializados, mas também para problemas computacionais mais gerais.

## Importância dos primeiros algoritmos quânticos

Estes primeiros algoritmos quânticos desempenharam um papel crucial na formulação da teoria e do potencial da computação quântica. Provaram que os computadores quânticos são capazes de superar os computadores clássicos em determinadas tarefas computacionais e motivaram a investigação teórica e prática neste domínio emergente. Embora muitos destes primeiros algoritmos resolvessem problemas académicos, lançaram as bases para o desenvolvimento de outros algoritmos quânticos com aplicações práticas directas e foram fundamentais para aumentar o interesse e o investimento na tecnologia da computação quântica.

## Superioridade quântica (2016)

A Google anuncia que o seu processador quântico Sycamore resolveu uma tarefa computacional específica que é praticamente insolúvel para os supercomputadores clássicos, um marco frequentemente referido como "supremacia quântica". Mais sobre este assunto mais tarde.

# Desenvolvimento de hardware quântico

O desenvolvimento de hardware quântico é um processo em rápida evolução que engloba uma variedade de abordagens e tecnologias. Os progressos neste domínio são cruciais para a realização de computadores quânticos práticos.

## Qubits supercondutores

Empresas como a IBM, a Google e a Rigetti estão a liderar o desenvolvimento de computadores quânticos baseados em circuitos supercondutores. Esta tecnologia estabeleceu-se como uma das abordagens mais promissoras para a realização de computadores quânticos utilizáveis na prática. A escolha de circuitos supercondutores para a geração de qubits apresenta várias vantagens, nomeadamente em termos de escalabilidade e de avanços na correção de erros.

Os qubits supercondutores utilizam as propriedades únicas dos materiais supercondutores que podem conduzir corrente eléctrica sem resistência. Ao aplicar radiação de micro-ondas a estes circuitos, podem ser gerados estados adequados para efetuar cálculos quânticos. Estes qubits podem ser produzidos com relativa facilidade utilizando processos litográficos semelhantes aos utilizados na indústria de semicondutores, o que facilita a sua integração em sistemas maiores.

Uma das principais vantagens dos qubits supercondutores é a sua relativa facilidade de escalonamento. Uma vez que a tecnologia partilha métodos de fabrico compatíveis com a atual indústria de semicondutores, é teoricamente mais fácil desenvolver sistemas com um maior número de qubits. A IBM, a Google e a Rigetti já apresentaram demonstrações de processadores quânticos com dezenas de qubits, sublinhando a viabilidade desta abordagem.

Outro domínio crucial em que se registaram progressos significativos é o da correção de erros. Embora os qubits supercondutores sejam sensíveis a perturbações externas que podem conduzir a erros, a aplicação de códigos quânticos de correção de erros pode detetar e corrigir esses erros. Empresas como a Google fizeram progressos significativos no desenvolvimento e implementação desses métodos de correção de erros, que são essenciais para a realização de cálculos quânticos fiáveis.

Apesar dos progressos, continuam a existir desafios, nomeadamente em termos de suscetibilidade a erros e da necessidade de temperaturas de funcionamento extremamente baixas para manter a supercondutividade. Estes requisitos aumentam a complexidade e o custo dos sistemas de computação quântica.

## Iões aprisionados

O desenvolvimento de computadores quânticos baseados na tecnologia de iões aprisionados é uma área de investigação promissora.

Empresas em fase de arranque como a IonQ, bem como
numerosos grupos de investigação académica em todo o
mundo, dedicam-se a esta abordagem, que se caracteriza
por longos tempos de coerência e elevada fidelidade das
operações quânticas. Estas propriedades tornam os
computadores quânticos de armadilhas de iões particularmente atractivos para uma variedade de aplicações
que requerem um processamento preciso e fiável da informação quântica.

Os iões aprisionados constituem uma excelente base
para a realização de computadores quânticos, graças aos
seus estados quânticos estáveis e à capacidade de os
manter durante longos períodos de tempo. A elevada fidelidade das operações quânticas realizadas entre os
iões permite a execução de cálculos complexos com um
erro mínimo, o que é crucial para a fiabilidade dos resultados. Além disso, a tecnologia permite uma flexibili-
dade e reconfigurabilidade únicas dos conjuntos de
qubits, o que é conseguido através do controlo preciso
das armadilhas electromagnéticas em que os iões são
mantidos.

Apesar destas propriedades promissoras, os criadores
de computadores quânticos com armadilhas de iões enfrentam desafios técnicos significativos. A natureza

complexa da captura e manipulação de iões individuais exige técnicas e equipamento sofisticados, o que complica o desenvolvimento e a manutenção de tais sistemas. Além disso, o escalonamento desta tecnologia, embora teoricamente viável, está repleto de dificuldades na prática. Assegurar a integração e a interação eficazes de um grande número de qubits num único sistema coerente continua a ser uma das principais tarefas dos investigadores neste domínio.

No entanto, os esforços em curso para resolver estes desafios apontam para o grande potencial dos computadores quânticos de armadilhas de iões. O trabalho de empresas como a IonQ e de grupos de investigação de todo o mundo revela progressos significativos no sentido de computadores quânticos práticos. Num futuro próximo, estes poderão anunciar uma revolução em domínios como a ciência dos materiais, a otimização e a criptografia, fornecendo soluções para problemas que são inacessíveis aos computadores clássicos. O desenvolvimento neste domínio continua, pois, a ser um campo excitante, com a perspetiva de avanços tecnológicos revolucionários.

## Pontos quânticos

Os pontos quânticos, que são utilizados na tecnologia dos computadores quânticos, representam uma abordagem inovadora e prometedora para a realização de computadores quânticos. Devido às suas propriedades físicas únicas, estas partículas semicondutoras nanoscopicamente pequenas oferecem a possibilidade de representar bits quânticos ou qubits. O tamanho e a forma de um ponto quântico determinam as suas propriedades electrónicas, incluindo os níveis de energia dos seus electrões, o que os torna particularmente atractivos para utilização no processamento de informação quântica.

Uma das principais vantagens dos pontos quânticos é a sua potencial compatibilidade com os processos de fabrico de semicondutores existentes. Uma vez que podem ser fabricados a partir de materiais já utilizados na indústria de semicondutores, abre-se a possibilidade de produzir computadores quânticos utilizando técnicas estabelecidas de micro e nanofabricação. Esta compatibilidade promete não só uma boa escalabilidade, uma vez que muitos qubits podem ser integrados num único chip, mas também uma redução dos custos de produção, o que poderá ser decisivo para o desenvolvimento comercial das tecnologias de computadores quânticos.

Apesar destas perspectivas promissoras, os investigadores e engenheiros que trabalham no desenvolvimento de computadores quânticos baseados em pontos quânticos enfrentam desafios consideráveis. Um dos maiores desafios é o controlo preciso das propriedades dos pontos quânticos. A produção de pontos quânticos com dimensões, formas e composições definidas com exatidão é crucial para alcançar os estados e propriedades quânticos desejados. Quaisquer irregularidades podem levar a um comportamento imprevisível dos qubits e aumentar a suscetibilidade do sistema a erros.

Outro problema crítico é a manutenção da coerência dos qubits. Num ambiente inerentemente suscetível a interferências, os pontos quânticos devem ser protegidos de influências externas, como flutuações térmicas e radiação electromagnética, que poderiam perturbar estados quânticos sensíveis e encurtar os tempos de coerência. O desenvolvimento de técnicas para isolar e proteger os pontos quânticos de tais interferências é, por conseguinte, crucial para a realização de computadores quânticos práticos.

A investigação sobre os pontos quânticos para a tecnologia de computação quântica ainda se encontra numa fase relativamente precoce, mas os progressos neste domínio poderão lançar as bases para uma nova geração de computadores quânticos que sejam simultaneamente potentes e escaláveis. Os esforços contínuos no domínio da ciência dos materiais, da nanotecnologia e da física quântica são cruciais para ultrapassar os desafios e concretizar todo o potencial dos pontos quânticos.

## Fotões

A utilização de fotões para representar qubits no processamento de informação quântica, especialmente na comunicação quântica e na criptografia, oferece vantagens únicas.

Os fotões, os componentes básicos da luz, são ideais para a transmissão de informação quântica a longas distâncias. Uma das principais vantagens é a sua capacidade de serem transportados à temperatura ambiente e a longas distâncias sem sofrerem decoerência significativa. Esta propriedade torna os fotões candidatos ideais para a realização de redes de comunicação quânticas seguras e para o desenvolvimento de tecnologias como a Internet quântica.

Outra vantagem fundamental dos qubits fotónicos é a sua imunidade a muitos tipos de interferências ambientais que normalmente afectam os sistemas electrónicos. Os fotões não são susceptíveis à interferência electromagnética da mesma forma que os qubits electrónicos, o que os torna particularmente úteis para aplicações em criptografia quântica. Por exemplo, protocolos como o protocolo BB84 para a troca de chaves quânticas utilizam as propriedades quânticas únicas dos fotões para permitir uma comunicação teoricamente segura. Quaisquer tentativas de escuta perturbariam inevitavelmente os estados quânticos dos fotões, tornando-os detectáveis.

Apesar destas propriedades promissoras, o desenvolvimento de computadores quânticos fotónicos e de sistemas de comunicação enfrenta um grande desafio: concretizar a interação efectiva dos fotões entre si. Ao contrário dos qubits baseados na matéria, que podem interagir uns com os outros com relativa facilidade, os fotões tendem a passar uns pelos outros sem interação. No entanto, para efetuar cálculos quânticos, é necessário que os qubits interajam entre si de forma controlada para implementar portas quânticas. A obtenção de fortes interacções entre fotões requer a utilização de técnicas e materiais especiais, como meios ópticos não lineares ou a utilização de pontos quânticos e outros nanomateriais como mediadores.

A investigação nesta área está centrada no desenvolvimento de métodos inovadores para ultrapassar este desafio. Abordagens como a utilização de pares de fotões emaranhados, o desenvolvimento de cristais fotónicos para controlar a propagação da luz e a utilização de sistemas de eletrodinâmica quântica (QED) de cavidades são apenas algumas das estratégias que estão a ser exploradas para permitir interacções eficazes entre fotões e fótons. Os avanços na fotónica e na ótica quântica são cruciais para a realização destas tecnologias e poderão abrir caminho ao desenvolvimento de redes de comunicação quântica altamente seguras e de poderosos computadores quânticos baseados na utilização de fotões.

**Centros NV em diamantes**

As vacâncias de azoto (centros NV) nos diamantes representam uma direção na tecnologia de computação quântica que tem o potencial de criar sistemas quânticos robustos e práticos. Os centros NV formam-se quando dois átomos de carbono vizinhos na estrutura do diamante são substituídos por um átomo de azoto e uma vacância (um átomo de carbono em falta). Estes defeitos têm propriedades electrónicas únicas que os tornam particularmente adequados para o processamento de informação quântica.

Uma das vantagens mais notáveis dos centros NV é a sua capacidade de funcionar à temperatura ambiente. Ao contrário de muitos outros sistemas de qubits que requerem temperaturas extremamente baixas para um funcionamento estável, os centros NV podem funcionar numa gama de temperaturas muito mais ampla. Este facto simplifica consideravelmente os requisitos técnicos dos sistemas de computação quântica e torna-os potencialmente mais acessíveis e práticos para uma vasta gama de aplicações.

Além disso, os centros NV oferecem tempos de coerência relativamente longos. O tempo de coerência de um qubit é uma medida do tempo que este consegue manter o seu estado quântico antes de ser perturbado por influências ambientais. Tempos de coerência mais longos são cruciais para a realização de cálculos quânticos complexos, uma vez que dão aos investigadores mais tempo para efetuar operações quânticas antes de ocorrer a decoerência.

Apesar destas vantagens, os investigadores enfrentam desafios consideráveis quando trabalham com centros NV. Uma das maiores dificuldades reside na manipulação e controlo precisos dos centros NV. O controlo preciso dos estados quânticos destes defeitos requer técnicas ópticas e magnéticas sofisticadas que ainda têm de ser desenvolvidas e aperfeiçoadas para permitir um processamento fiável e eficiente da informação quântica.

Outro desafio significativo é a integração dos centros NV numa escala maior. Embora os centros NV individuais possam atuar como qubits, um computador quântico prático requer um controlo preciso sobre uma grande rede de qubits que podem interagir entre si. O desenvolvimento de técnicas para escalar e ligar em rede os centros NV sem comprometer as suas propriedades de coerência é uma área de investigação ativa.

A investigação e o desenvolvimento no domínio dos centros NV em diamantes são promissores e poderão conduzir a computadores quânticos robustos, funcionais à temperatura ambiente e relativamente fáceis de manusear. Os avanços na ciência dos materiais, na nanotecnologia e na física quântica desempenham um papel crucial na superação dos desafios actuais. A resolução destes problemas poderá abrir caminho a novas plataformas de computação quântica que podem ser utilizadas numa vasta gama de aplicações, desde a simulação quântica à criptografia quântica e à tecnologia de sensores.

## Qubits topológicos

Os qubits topológicos representam uma abordagem particularmente interessante e avançada na tecnologia da computação quântica. O seu desenvolvimento baseia-se no conceito de matéria quântica topológica e utiliza a teoria matemática da topologia para criar uma nova forma de qubit que está inerentemente protegida contra muitos tipos de perturbações e erros. Esta propriedade torna os qubits topológicos particularmente promissores para a criação de computadores quânticos robustos e escaláveis, menos susceptíveis à decoerência e aos erros que afectam a fiabilidade e a eficiência dos sistemas quânticos convencionais.

No centro dos qubits topológicos está a utilização de quasipartículas conhecidas como aniões, que podem ocorrer em certos materiais bidimensionais em condições específicas. Os aniões têm a propriedade notável de que a sua troca (ou seja, o movimento de um anião em torno de outro) altera o estado do sistema de uma forma que depende apenas da classe topológica do caminho de troca, e não dos detalhes precisos do caminho. Estas operações de troca, conhecidas como "entrançamento", alteram o estado do sistema de uma forma previsível e robusta, que pode ser utilizada para realizar cálculos quânticos.

A maior vantagem dos qubits topológicos reside na sua tolerância teórica a falhas. Uma vez que a informação é armazenada nas propriedades topológicas globais do sistema, é menos provável que as perturbações locais que normalmente conduzem a erros nos computadores quânticos afectem estes estados. Isto reduz significativamente a necessidade de códigos complexos de correção de erros que são exigidos noutros sistemas de computação quântica.

No entanto, a realização de qubits topológicos enfrenta desafios científicos e técnicos consideráveis. A existência dos aniões necessários para os qubits topológicos tem de ser provada em sistemas práticos e tornada controlável. Atualmente, os materiais que podem albergar os chamados férmions de Majorana - uma classe de aniões que são particularmente adequados para a geração de qubits topológicos - são objeto de intensa investigação. Além disso, a manipulação e a leitura de estados codificados nas propriedades topológicas dos materiais requerem técnicas e abordagens inovadoras.

Apesar destes desafios, a abordagem topológica oferece uma perspetiva para o futuro da tecnologia de computação quântica, com o potencial de criar computadores quânticos mais potentes e fiáveis do que nunca. O desenvolvimento bem sucedido de qubits topológicos poderá conduzir a uma revolução no processamento de informação quântica, com aplicações de grande alcance na criptografia, na ciência dos materiais e não só. A investigação neste domínio é de ponta e combina conceitos da física quântica, da ciência dos materiais, da matemática e da informática, abrindo a possibilidade de redefinir os limites do que é possível fazer com os computadores.

## Seleção da tecnologia

A escolha da tecnologia para o desenvolvimento de qubits e, por conseguinte, de computadores quânticos é uma decisão que se baseia nos requisitos das tarefas de computação quântica pretendidas, bem como nas capacidades físicas e técnicas dos diferentes sistemas de qubits. Cada tecnologia de qubits apresenta as suas próprias vantagens, desafios e potenciais áreas de aplicação, que vão desde as propriedades básicas, como os tempos de coerência, a velocidade de funcionamento e a escalabilidade, até à compatibilidade com a infraestrutura tecnológica existente.

Os qubits supercondutores e os iões aprisionados são duas das tecnologias mais avançadas da computação quântica. Os qubits supercondutores beneficiam de uma integração relativamente fácil nos processos de fabrico de semicondutores existentes e já apresentam resultados impressionantes em protótipos de computadores quânticos desenvolvidos por empresas tecnológicas e organizações de investigação líderes. Os seus tempos de coerência e velocidades de funcionamento são promissores para muitas aplicações, embora o aumento de escala para além de centenas ou milhares de qubits ainda coloque desafios.

Os iões aprisionados, com os seus longos tempos de coerência e elevada precisão operacional, representam outra abordagem promissora. Provaram ser extremamente precisos na realização de operações quânticas e oferecem a possibilidade de desenvolver computadores quânticos estáveis. Os principais desafios neste domínio são o escalonamento e a integração num sistema prático de computador quântico que funcione de forma eficiente e fiável.

Os pontos quânticos e os qubits fotónicos encontram-se numa fase anterior de desenvolvimento em comparação com os qubits supercondutores e os iões aprisionados. Os pontos quânticos oferecem uma perspetiva interessante devido à sua potencial compatibilidade com os processos de semicondutores existentes e ao seu potencial funcionamento à temperatura ambiente. Os desafios neste domínio residem no controlo preciso dos estados quânticos e na integração em sistemas maiores. Os qubits fotónicos, que são particularmente promissores para a comunicação quântica e a criptografia, enfrentam o desafio de encontrar métodos eficazes para a interação entre fotões, necessária para a realização de cálculos quânticos complexos.

## Comunicação e criptografia quânticas

A comunicação quântica e a criptografia quântica representam aplicações da mecânica quântica que têm o potencial de alterar fundamentalmente a forma como a informação é transmitida de forma segura. A distribuição quântica de chaves, em particular, é um domínio em que já se registaram progressos significativos, que conduziram ao desenvolvimento dos primeiros sistemas comerciais. Estes sistemas utilizam princípios fundamentais da mecânica quântica para permitir comunicações teoricamente seguras.

### Encriptação quântica

O desenvolvimento dos primeiros sistemas comerciais de distribuição de chaves quânticas (QKD) constitui um marco importante no caminho para uma comunicação teoricamente segura.

Os sistemas QKD utilizam os princípios únicos da mecânica quântica, em particular o emaranhamento quântico e a indeterminação, para permitir a transmissão segura de chaves de encriptação entre duas partes. No centro desta tecnologia está a propriedade de que qualquer observação ou medição de um sistema quântico altera inevitavelmente o seu estado. Isto significa que qualquer tentativa de intercetar a informação quântica utilizada para a troca de chaves é reconhecida pelos parceiros de comunicação.

Ao contrário dos métodos criptográficos tradicionais, cuja segurança se baseia na dificuldade computacional de resolver certos problemas matemáticos (como a factorização de números grandes), a segurança da QKD baseia-se nas leis fundamentais da física quântica. Isto proporciona uma forma de segurança que é considerada à prova de futuro, uma vez que não pode ser comprometida pelos avanços tecnológicos.

Os primeiros sistemas comerciais de QKD oferecem aplicações promissoras para uma variedade de sectores que exigem canais de comunicação seguros. Estas incluem o sector financeiro, organizações de segurança governamentais e operadores de infra-estruturas críticas. Ao garantir a distribuição segura de chaves, os sistemas QKD podem ajudar a proteger a confidencialidade e a integridade de informações sensíveis.

Apesar do impressionante potencial do QKD, a tecnologia e a sua aplicação enfrentam desafios. Estes incluem a necessidade de aumentar o alcance e a eficiência dos sistemas e de reduzir o custo de implementação. No entanto, os avanços na tecnologia de comunicação quântica, incluindo o desenvolvimento de sistemas QKD baseados em satélites e a integração do QKD nas redes ópticas existentes, sugerem que estes desafios podem ser cada vez mais ultrapassados.

A investigação e o desenvolvimento em curso no domínio das comunicações quânticas prometem melhorar ainda mais as capacidades e a disponibilidade dos sistemas QKD. Com a miniaturização em curso da tecnologia e a integração nas infra-estruturas de comunicação existentes, os sistemas QKD poderão desempenhar um papel cada vez mais importante para garantir a segurança das comunicações a nível mundial. O futuro da comunicação e da criptografia quânticas parece, pois, prometedor, com potencial para inaugurar uma nova era de segurança das comunicações baseada nos princípios imutáveis da mecânica quântica.

## Internet Quântica

O desenvolvimento de uma Internet quântica representa um dos avanços mais fascinantes e, ao mesmo tempo, mais desafiantes da moderna tecnologia das comunicações.

Este objetivo ambicioso baseia-se nos princípios da mecânica quântica, em particular no fenómeno do entrelaçamento quântico já descrito, que constitui a base de uma forma revolucionária de transmissão de informações.

Uma Internet quântica utiliza o entrelaçamento quântico para transmitir informação entre dois pontos através dos chamados bits quânticos ou qubits, sem que a informação tenha de viajar fisicamente entre os dois pontos. Isto não só aumenta a largura de banda da transmissão de informação, como também aumenta a segurança, uma vez que qualquer forma de escuta perturbaria os estados quânticos, tornando-os assim imediatamente reconhecíveis.

No entanto, a realização de uma rede quântica deste tipo exige avanços revolucionários na tecnologia quântica. Iniciativas de investigação em todo o mundo, incluindo projectos governamentais, instituições académicas e empresas privadas, estão a investir recursos significativos na superação de desafios técnicos. Estes incluem o desenvolvimento de repetidores quânticos necessários para cobrir longas distâncias, a geração e manipulação fiáveis de estados emaranhados e a integração com as infra-estruturas de telecomunicações existentes.

Uma das principais aplicações de uma Internet quântica é a criação de redes de comunicação teoricamente seguras contra qualquer forma de ciberataque. Utilizando a encriptação quântica, uma aplicação direta do entrelaçamento quântico, as mensagens poderiam ser transmitidas de forma a só poderem ser lidas pelo destinatário pretendido no seu estado original. Qualquer tentativa de intercetar a informação transmitida alteraria os estados quânticos, revelando assim a presença do espião.

Embora a visão de uma Internet quântica plenamente realizada esteja ainda muito distante, os projectos de investigação e desenvolvimento em curso marcam passos significativos em direção a esse objetivo. A implementação bem sucedida de um sistema deste tipo poderá mudar fundamentalmente a forma como pensamos a transmissão de dados e a segurança, dando início a uma nova era de comunicação baseada nos princípios fundamentais da mecânica quântica. Os progressos nesta área estão a ser observados com grande entusiasmo, uma vez que têm o potencial de revolucionar o panorama das comunicações e da segurança a nível mundial.

A Internet quântica promete levar a tecnologia das comunicações muito para além dos limites da transmissão de dados convencional. Baseia-se nos princípios da mecânica quântica, nomeadamente no entrelaçamento quântico, que permite partilhar informações entre parceiros a qualquer distância, sem que essas informações tenham de utilizar uma via de transmissão convencional. Este conceito revolucionário oferece numerosas aplicações e vantagens que podem melhorar significativamente a segurança e a eficácia da transmissão de dados.

**Domínios de aplicação**

- Criptografia quântica e comunicação segura: Provavelmente, a aplicação mais imediata e óbvia de uma Internet quântica é a criptografia quântica, em particular o protocolo de distribuição de chaves quânticas (QKD). O QKD permite que duas partes partilhem uma chave de comunicação segura que é imune a tentativas de escuta. A segurança baseia-se nas leis da mecânica quântica, segundo as quais a medição de um estado quântico altera esse estado. Assim, um intruso não pode passar despercebido.

- Computação em nuvem segura: Num mundo em que os serviços em nuvem estão a tornar-se cada vez mais importantes, uma Internet quântica poderia melhorar significativamente a segurança desses serviços. Os dados poderiam ser armazenados e transmitidos em estados quânticos, protegendo-os contra a pirataria e o acesso não autorizado.

- Redes distribuídas de computação quântica: Os computadores quânticos prometem resolver problemas que são praticamente insolúveis para os computadores clássicos. Uma Internet quântica poderia ligar computadores quânticos a longas distâncias, melhorando a sua capacidade de computação e eficiência através da computação distribuída.

- Sensores e telescópios melhorados: O entrelaçamento quântico pode também ser utilizado para aumentar a sensibilidade de sensores e telescópios. Uma Internet quântica poderia facilitar a coordenação desses dispositivos a longas distâncias, o que poderia levar a uma melhor compreensão do universo no domínio da astronomia, por exemplo.

## Vantagens

- Segurança inquebrável: A principal vantagem de uma Internet quântica reside na sua segurança. A transmissão de informações sobre estados quânticos e emaranhados é, em princípio, segura contra qualquer acesso não autorizado, uma vez que qualquer medição ou perturbação do estado seria imediatamente detetável.

- Elevada eficiência: A comunicação quântica poderá ser mais eficiente do que os métodos de comunicação tradicionais, uma vez que é capaz de transmitir e processar múltiplos estados em simultâneo. Este facto poderá levar a um aumento significativo das capacidades de transmissão.

- Alcance global: Outra vantagem significativa é a capacidade de transmitir informações a qualquer distância de forma quase instantânea. Isto contrasta com os métodos de comunicação convencionais, em que a velocidade de transmissão é limitada pela distância e pelo meio de transmissão.

- Avanço da investigação científica: Uma Internet quântica fará também avançar a investigação científica, abrindo novas possibilidades de experiências no domínio da física quântica e disciplinas afins. Poderia ajudar a responder a algumas das questões fundamentais da física e conduzir ao desenvolvimento de novas tecnologias.

Globalmente, a Internet quântica é uma tecnologia revolucionária que tem o potencial de alterar fundamentalmente a forma como pensamos a comunicação, a segurança e o processamento de dados. Embora a aplicação prática ainda apresente alguns desafios, investigadores de todo o mundo já estão a trabalhar para concretizar a visão de uma Internet quântica global, segura e eficiente.

## Sistemas quânticos escaláveis

O desenvolvimento de sistemas quânticos escaláveis é uma das áreas centrais da investigação em computação quântica. Estes sistemas devem ser capazes de manipular e controlar eficazmente um grande número de qubits, a fim de efetuar cálculos complexos que ultrapassam largamente as capacidades dos computadores clássicos.

Dois aspectos cruciais nesta via são os avanços na correção de erros e na arquitetura do sistema dos computadores quânticos. Estes desenvolvimentos são essenciais para a realização de computadores quânticos em grande escala e tolerantes a falhas.

## Progressos na correção de erros

Os computadores quânticos são susceptíveis a erros causados pela decoerência e pelo ruído quântico, que se deve à interação dos qubits com o seu ambiente. Uma vez que a informação é armazenada em estados quânticos, mesmo as mais pequenas influências externas podem perturbar esses estados e distorcer a informação armazenada. Os avanços na correção de erros são, por isso, cruciais para se poderem efetuar cálculos fiáveis com computadores quânticos.

Os códigos quânticos de correção de erros são complexos e exigem normalmente a utilização de múltiplos qubits físicos para tornar um único qubit lógico tolerante a falhas. Estes códigos permitem que o sistema detecte e corrija erros sem medir ou perturbar a própria informação quântica. O desenvolvimento de mecanismos eficientes de correção de erros é um dos maiores desafios no caminho para sistemas quânticos escaláveis, uma vez que envolve um número significativo de qubits adicionais e uma maior complexidade do sistema.

## Melhorias na arquitetura do sistema

A arquitetura de um computador quântico desempenha um papel decisivo na sua escalabilidade e desempenho. Ao contrário dos computadores clássicos, cuja arquitetura é relativamente normalizada, há uma variedade de abordagens aos computadores quânticos, incluindo sistemas baseados em qubits supercondutores, armadilhas de iões, qubits topológicos e fotões.

Cada uma destas tecnologias tem as suas próprias vantagens e desvantagens em termos de suscetibilidade a erros, tempos de coerência, escalabilidade e controlabilidade. A seleção e a otimização da arquitetura do sistema dependem da aplicação para a qual o computador quântico está a ser desenvolvido. Os avanços na ciência dos materiais, na nanotecnologia e na tecnologia ótica estão a contribuir para o desenvolvimento de arquitecturas que podem controlar e ligar de forma fiável um maior número de qubits.

A integração de códigos de correção de erros na arquitetura do sistema é outro passo importante. Isto exige uma estreita colaboração entre os domínios do hardware quântico e do desenvolvimento de algoritmos para garantir que os sistemas não só sejam grandes e potentes, mas também práticos de utilizar.

## Perspetivas

A realização de computadores quânticos em grande escala e tolerantes a falhas representaria um salto quântico no processamento da informação. Esses sistemas poderiam resolver tarefas nos domínios da ciência dos materiais, do desenvolvimento de medicamentos, dos problemas de otimização e da criptografia de uma forma que é inatingível para os sistemas clássicos. Apesar dos enormes desafios técnicos que ainda têm de ser ultrapassados, os progressos contínuos na correção de erros e na arquitetura dos sistemas tornam cada vez mais provável a futura realização de tais computadores quânticos. A investigação e o desenvolvimento nestas áreas são cruciais para alargar os limites do que é possível com a tecnologia informática e para realizar plenamente o enorme potencial da computação quântica.

## Algoritmos quânticos para aplicações práticas

A investigação e o desenvolvimento de algoritmos quânticos que oferecem vantagens específicas em relação aos algoritmos clássicos é um domínio promissor da computação quântica. Estes algoritmos são concebidos para explorar as propriedades únicas dos computadores quânticos para resolver problemas em vários domínios, como a ciência dos materiais, problemas de otimização e aprendizagem automática de forma mais eficiente.

## Ciência dos materiais

Na ciência dos materiais, os algoritmos quânticos podem ser utilizados para simular e analisar as propriedades de moléculas e materiais complexos a um nível quântico. Estas simulações são extremamente intensivas do ponto de vista computacional ou mesmo impossíveis para os computadores clássicos, uma vez que o número de estados possíveis num sistema quântico cresce exponencialmente com o número de partículas. No entanto, os computadores quânticos podem utilizar a sobreposição de estados para simular esses sistemas de forma direta e eficiente. Isto poderá abrir caminho à descoberta de novos materiais, ao desenvolvimento de baterias de elevado desempenho, a células solares melhoradas e a novos medicamentos.

## Problemas de otimização

Os problemas de otimização são omnipresentes em muitos domínios da indústria e da ciência, desde a logística e a engenharia até às finanças. Os computadores quânticos oferecem a possibilidade de encontrar soluções para esses problemas mais rapidamente, explorando simultaneamente uma vasta gama de soluções potenciais e identificando rapidamente as soluções óptimas ou quase óptimas através da interferência quântica. Por exemplo, os algoritmos quânticos poderão ajudar a aumentar a eficiência das cadeias de abastecimento, reduzir os custos de fabrico ou resolver problemas complexos de rede.

## Aprendizagem automática

No domínio da aprendizagem automática, os algoritmos quânticos poderão ajudar a melhorar a velocidade e a eficiência dos algoritmos de aprendizagem. Os computadores quânticos poderão ser utilizados, por exemplo, no reconhecimento de padrões, na otimização de modelos de aprendizagem automática ou na aceleração de processos com grande volume de dados, como o treino de redes neuronais profundas. Com a capacidade de processar grandes quantidades de dados em simultâneo e efetuar cálculos complexos, os computadores quânticos poderão revolucionar a forma como utilizamos a aprendizagem automática e a inteligência artificial.

No entanto, o desenvolvimento destes algoritmos enfrenta desafios consideráveis. Estes incluem a necessidade de adaptar os algoritmos às capacidades e recursos ainda limitados dos actuais computadores quânticos, bem como o desenvolvimento de novos quadros teóricos e técnicas para a programação quântica. Apesar destes desafios, o potencial dos algoritmos quânticos é enorme e a investigação nesta área está a ser intensamente desenvolvida em todo o mundo. Os progressos neste domínio poderão não só conduzir a avanços científicos e tecnológicos significativos, mas também permitir modelos de negócio e indústrias inteiramente novos.

De um modo geral, podemos estar no limiar de uma nova era da tecnologia informática, em que os computadores quânticos e os seus algoritmos personalizados permitirão resolver problemas do mundo real de formas anteriormente inimagináveis. A investigação nos próximos anos será crucial para desbloquear todo o potencial desta tecnologia e desenvolver aplicações práticas para a sociedade.

### Demonstração de superioridade quântica

A demonstração da supremacia quântica é um marco significativo no desenvolvimento da tecnologia de computação quântica. A superioridade quântica refere-se ao ponto em que um computador quântico pode resolver uma tarefa específica de forma mais rápida ou mais eficiente do que o supercomputador clássico mais potente disponível. Este conceito é não só um indicador importante do progresso prático da tecnologia de computação quântica, mas também uma prova do potencial teórico dos computadores quânticos para resolver problemas inacessíveis aos computadores clássicos.

## Processador Sycamore da Google

Em 2019, a Google anunciou um avanço na tecnologia de computação quântica com o seu processador Sycamore de 54 qubit.

A Google afirmou ter alcançado a supremacia quântica ao realizar em cerca de 200 segundos uma tarefa computacional específica que levaria ao supercomputador tradicional mais potente do mundo, o IBM Summit, cerca de 10 000 anos. Embora a tarefa resolvida pelo processador Sycamore fosse apenas de interesse académico e não tivesse qualquer aplicação prática, demonstrou claramente a capacidade dos computadores quânticos para efectuarem cálculos que estão fora do alcance dos computadores clássicos.

O anúncio da Google marcou um momento histórico para a comunidade da computação quântica e para o mundo científico em geral, mas também desencadeou um debate sobre a definição e o significado da supremacia quântica. Alguns especialistas e empresas, incluindo a IBM, salientaram que a tarefa específica que a Google tinha escolhido para a sua prova não tinha uma utilização prática directa e que os métodos para estimar o tempo que os computadores clássicos levariam a concluir a tarefa não eram claros.

Independentemente dos debates, a demonstração da superioridade quântica da Google tem um significado simbólico: mostra que os computadores quânticos têm potencial para ir muito além dos limites do processamento clássico da informação. Este sucesso aumentou o interesse e o investimento na tecnologia da computação quântica em todo o mundo, levando à aceleração das actividades de investigação e desenvolvimento, tanto no meio académico como na indústria.

Alcançar a supremacia quântica é apenas um primeiro passo no longo caminho para desenvolver computadores quânticos totalmente funcionais e práticos. Os desafios que se avizinham incluem o aumento da escala dos sistemas quânticos, a melhoria da tolerância a falhas e o desenvolvimento de algoritmos que possam resolver problemas do mundo real. Apesar destes desafios, a demonstração da superioridade quântica reforçou o domínio e reafirmou que a computação quântica é uma tecnologia viável e promissora para o futuro.

Os avanços na tecnologia da computação quântica e a crescente demonstração de aplicações práticas indicam que os computadores quânticos poderão desempenhar um papel cada vez mais importante em vários domínios nos próximos anos, desde a ciência dos materiais e a farmácia até à otimização de sistemas complexos.

# Áreas de aplicação dos computadores quânticos

## Ciência dos Materiais

A ciência dos materiais é um dos domínios de aplicação mais promissores da computação quântica. Este domínio, que se ocupa da descoberta e desenvolvimento de novos materiais, poderá beneficiar significativamente das capacidades únicas da tecnologia de computação quântica. A complexidade da matéria a nível atómico e molecular implica cálculos que consomem muito tempo ou são simplesmente impossíveis para os computadores clássicos. É aqui que os computadores quânticos oferecem uma vantagem decisiva.

Um dos problemas fundamentais da ciência dos materiais é a simulação de sistemas quânticos. Os computadores clássicos atingem os seus limites quando se trata da modelização exacta de sistemas que contêm mais de algumas dezenas de partículas quânticas (electrões e núcleos atómicos). Os computadores quânticos, por outro lado, podem ultrapassar estas limitações, uma vez que são capazes de simular diretamente os estados da mecânica quântica. Utilizando a sobreposição quântica e o emaranhamento, os computadores quânticos podem modelar moléculas e materiais complexos de uma forma que reflecte a natureza com muito mais precisão.

A capacidade de simular com precisão materiais a nível quântico tem potencial para revolucionar o desenvolvimento de novos materiais. Os cientistas poderão prever as propriedades dos materiais sem terem de efetuar experiências físicas morosas e dispendiosas. Isto poderá acelerar a descoberta de novos materiais de elevado desempenho para a eletrónica, a produção e o armazenamento de energia, bem como para produtos farmacêuticos. Por exemplo, a procura de materiais com elevada condutividade para supercondutores ou células solares mais eficientes poderia ser significativamente simplificada.

## Desenvolvimento de novos medicamentos

A aplicação de computadores quânticos na farmácia e no desenvolvimento de medicamentos é exemplar do potencial transformador que esta tecnologia tem na investigação biomédica e não só.

A capacidade dos computadores quânticos para simular as interacções entre moléculas a um nível fundamental da mecânica quântica abre horizontes completamente novos na descoberta e desenvolvimento de medicamentos. Esta abordagem poderá alterar profundamente os métodos tradicionais, que são frequentemente morosos, dispendiosos e sujeitos a uma elevada taxa de erro.

Atualmente, o desenvolvimento de novos medicamentos é um processo moroso e dispendioso que pode levar mais de uma década desde a descoberta até ao lançamento no mercado e pode custar milhares de milhões. Uma parte significativa deste tempo e recursos é gasta na identificação e otimização de compostos que possam influenciar eficazmente estruturas-alvo específicas no corpo humano. Os computadores quânticos poderiam acelerar este processo, tornando possível analisar rapidamente um enorme número de potenciais moléculas de fármacos e calcular com precisão as suas interacções com alvos biológicos. Isto não só reduziria o tempo e o custo da descoberta de medicamentos, como também aumentaria a taxa de sucesso nas fases iniciais do desenvolvimento de medicamentos.

Outra vantagem significativa da tecnologia de computação quântica é a capacidade de compreender mais pormenorizadamente a dinâmica das moléculas e a complexidade dos sistemas biológicos. Ao simular as propriedades mecânicas quânticas das moléculas, os cientistas podem prever melhor o modo como um medicamento actuará no organismo, incluindo a sua eficácia e potenciais efeitos secundários. Isto poderá facilitar o desenvolvimento de medicamentos mais seguros e eficazes, ajudando a excluir numa fase inicial os candidatos com propriedades indesejáveis.

O elevado custo do desenvolvimento de medicamentos deve-se, em parte, às baixas taxas de sucesso nas fases clínicas. Ao prever com maior exatidão a eficácia e a segurança dos candidatos a medicamentos, a computação quântica poderá ajudar a melhorar estas taxas de sucesso, reduzindo assim o custo médio e o risco do desenvolvimento de novos medicamentos. A longo prazo, este facto poderá conduzir a uma gama mais diversificada de medicamentos e facilitar o acesso dos doentes de todo o mundo a novas terapias.

O potencial dos computadores quânticos na farmácia e no desenvolvimento de medicamentos é enorme, mas a sua plena realização ainda está para vir. Os computadores quânticos actuais estão ainda numa fase inicial de desenvolvimento e são necessários mais avanços na tecnologia quântica, nos algoritmos e na biologia molecular para concretizar este potencial. No entanto, as empresas farmacêuticas e os institutos de investigação estão a mostrar grande interesse na tecnologia de computação quântica e os primeiros êxitos na simulação de moléculas simples apontam o caminho para uma mudança revolucionária na descoberta e desenvolvimento de novos medicamentos. Os próximos anos poderão trazer avanços decisivos que melhorarão de forma sustentável a eficiência, a segurança e a relação custo-eficácia da investigação de medicamentos.

## Medicina personalizada

A medicina personalizada, adaptada aos factores genéticos, ambientais e de estilo de vida de cada doente, está no centro de uma mudança revolucionária nos cuidados de saúde.

Os computadores quânticos poderão desempenhar um papel fundamental neste domínio, expandindo e acelerando as capacidades da medicina personalizada. O poder único dos computadores quânticos para simular sistemas complexos e analisar enormes conjuntos de dados torna-os uma ferramenta valiosa para o desenvolvimento e a aplicação de tratamentos e terapias médicas personalizadas.

A análise genética é um aspeto central da medicina personalizada. Os computadores quânticos poderão revolucionar a análise do genoma humano, reduzindo significativamente o tempo necessário para sequenciar e interpretar os dados genéticos. Tal permitiria identificar mais rapidamente as predisposições genéticas para determinadas doenças e desenvolver planos de tratamento personalizados, adaptados à constituição genética de cada indivíduo.

Os computadores quânticos oferecem o potencial para transformar a descoberta e o desenvolvimento de medicamentos, permitindo previsões precisas das interacções entre os medicamentos e os sistemas biológicos individuais dos pacientes. Isto poderá levar a uma identificação mais eficiente de candidatos a medicamentos adequados para o tratamento de mutações genéticas específicas. Estas terapias personalizadas poderão ser mais eficazes e estar associadas a menos efeitos secundários do que os tratamentos convencionais.

O tratamento em medicina personalizada baseia-se não só na informação genética, mas também numa variedade de dados, incluindo factores ambientais, estilo de vida e historial médico anterior. Os computadores quânticos poderão ajudar a analisar estes conjuntos de dados complexos para criar planos de tratamento pormenorizados e personalizados. Com a capacidade de reconhecer padrões em conjuntos de dados grandes e complexos, os computadores quânticos poderão ajudar a melhorar a eficácia dos tratamentos, reduzindo simultaneamente os custos.

Outro contributo significativo dos computadores quânticos para a medicina personalizada poderá residir na simulação de sistemas biológicos complexos. Ao simularem com precisão as interacções a nível molecular, os computadores quânticos poderão proporcionar aos investigadores uma melhor compreensão do modo como as doenças se desenvolvem e progridem numa base individual. Este conhecimento poderá levar ao desenvolvimento de ferramentas de diagnóstico mais precisas e de terapias mais eficazes e personalizadas.

## Química

A química é outra área promissora de aplicação dos computadores quânticos, com potencial para introduzir mudanças fundamentais na investigação, desenvolvimento e produção.

A química quântica, que lida com a aplicação da mecânica quântica a problemas químicos, oferece um campo rico para a aplicação da tecnologia de computação quântica. Os computadores quânticos poderão ser capazes de resolver problemas inacessíveis aos computadores clássicos, alargando a nossa compreensão dos processos químicos a nível molecular e acelerando o desenvolvimento de novos materiais e substâncias.

Uma das maiores promessas dos computadores quânticos na química é a sua capacidade de simular com precisão as moléculas e as suas reacções. Os computadores clássicos já atingem os seus limites quando simulam moléculas relativamente pequenas, uma vez que a complexidade dos cálculos cresce exponencialmente com o tamanho da molécula. No entanto, os computadores quânticos podem representar os estados das moléculas de uma forma natural e eficiente, conduzindo a conhecimentos mais precisos e accionáveis sobre as suas propriedades e vias de reação.

Outra área importante de aplicação é a investigação de catalisadores e mecanismos de reação. Os computadores quânticos poderão ajudar a melhorar a eficiência dos catalisadores e a descobrir novos processos catalíticos, permitindo uma compreensão mais profunda das vias de reação e das barreiras energéticas. Isto poderá conduzir a processos de produção mais eficientes e respeitadores do ambiente na indústria química.

À semelhança do desenvolvimento de medicamentos, os computadores quânticos podem também ser utilizados na investigação química para identificar e otimizar potenciais candidatos a medicamentos. A capacidade de calcular as afinidades de ligação e a estabilidade dos complexos fármaco-alvo a nível quântico poderá acelerar a descoberta de novos fármacos e terapias.

## Resolver problemas de otimização

Os computadores quânticos oferecem perspectivas promissoras para a resolução de problemas de otimização complexos que são difíceis de resolver nos paradigmas computacionais tradicionais. A sua capacidade de avaliar e otimizar simultaneamente um grande número de soluções potenciais torna-os ideais para aplicações em áreas como os transportes e a logística, bem como a distribuição de energia. Estes sistemas são tipicamente caracterizados por uma elevada complexidade e dinâmica, sendo a procura de soluções óptimas um enorme desafio computacional. Um exemplo disto é o seguinte:

### Transportes e logística

No domínio dos transportes e da logística, os computadores quânticos podem ajudar a aumentar a eficiência das cadeias de abastecimento, reduzir o congestionamento e otimizar as redes de transportes. A otimização dessas redes exige a consideração de um enorme número de variáveis, incluindo o planeamento de rotas, a atribuição de veículos, a gestão de inventários e as necessidades dos clientes. Os computadores quânticos poderão ser capazes de analisar estas variáveis simultaneamente e encontrar soluções óptimas ou quase óptimas quase em tempo real. Isto poderia conduzir a economias de custos significativas, a um melhor serviço ao cliente e a uma redução do impacto ambiental.

Um exemplo específico seria a otimização das rotas dos veículos de entrega para minimizar o número de quilómetros percorridos, assegurando simultaneamente que todas as entregas são feitas a tempo. Ao reduzir o tempo total de viagem e o consumo de combustível, não só os custos operacionais podem ser reduzidos, como também as emissões de $CO_2$.

**Distribuição de energia**

Na distribuição de energia, os operadores de rede enfrentam o desafio de equilibrar a oferta e a procura em tempo real, garantindo simultaneamente a fiabilidade da rede. Com a crescente quota de fontes de energia renováveis, frequentemente voláteis e geograficamente distribuídas, esta tarefa está a tornar-se ainda mais complexa. Os computadores quânticos poderão dar aqui um contributo decisivo, resolvendo problemas complexos de otimização associados à distribuição dos recursos energéticos.

Um caso de utilização poderia ser a otimização do fluxo de energia numa rede inteligente para maximizar a eficiência e minimizar as perdas de energia. Ao ter em conta factores como a produção de energia a partir de diferentes fontes, as previsões de consumo, as opções de armazenamento e as condições meteorológicas, os computadores quânticos poderiam ajudar a otimizar a distribuição de energia e melhorar a utilização dos sistemas de armazenamento e a integração das energias renováveis.

## Criptografia e segurança

Os computadores quânticos e o seu impacto na criptografia e na segurança têm uma dupla face. Por um lado, oferecem a possibilidade de desenvolver métodos de comunicação extremamente seguros através da encriptação quântica. Por outro lado, representam uma séria ameaça à segurança dos métodos de encriptação existentes. Esta dinâmica é fundamental para compreender o panorama futuro da segurança da informação.

### Encriptação quântica

A encriptação quântica, especificamente a distribuição de chaves quânticas (QKD), é uma abordagem avançada à comunicação segura que utiliza os princípios da mecânica quântica. A QKD permite que duas partes gerem e troquem uma chave segura sem que esta seja intercetada por terceiros sem ser detectada. A segurança do QKD baseia-se no princípio da mecânica quântica de que a medição de um estado quântico altera inevitavelmente esse estado. Um espião que tentasse intercetar a chave alteraria, portanto, a informação quântica, revelando assim a sua presença. Os sistemas QKD já estão a ser desenvolvidos e oferecem um método de cifragem potencialmente inquebrável, adequado para aplicações críticas em termos de segurança, como as comunicações governamentais, as comunicações militares e a transmissão de informações sensíveis no sector financeiro.

## Ameaças aos métodos de cifragem existentes

A capacidade dos computadores quânticos para resolverem determinados problemas matemáticos de forma exponencialmente mais rápida do que os computadores clássicos constitui uma séria ameaça à segurança de muitas normas de encriptação atualmente utilizadas. Em particular, os criptossistemas assimétricos como o RSA e o ECC (Elliptic Curve Cryptography), que se baseiam na dificuldade de problemas como a factorização de grandes números ou o logaritmo discreto em curvas elípticas, poderiam ser efetivamente quebrados por computadores quânticos. O algoritmo Shor, um algoritmo quântico que pode resolver este tipo de problemas em tempo polinomial, mostra a escala potencial da ameaça. Isto significa que a informação que hoje é considerada encriptada de forma segura poderá ser desencriptada no futuro através do desenvolvimento de computadores quânticos potentes.

A ameaça potencial representada pelos computadores quânticos levou ao desenvolvimento da criptografia pós-quântica (PQC), um domínio de investigação que se preocupa com o desenvolvimento de métodos de cifragem seguros mesmo na era da computação quântica. Os métodos PQC baseiam-se em problemas matemáticos que também são considerados difíceis para os computadores quânticos. A investigação e a normalização dos algoritmos PQC estão atualmente a ser intensamente prosseguidas, a fim de permitir uma transição sem problemas para métodos de cifragem mais seguros antes de os computadores quânticos potentes estarem geralmente disponíveis.

## Finanças

Os computadores quânticos oferecem aplicações promissoras no domínio financeiro, nomeadamente nas áreas da análise de risco e da otimização de carteiras. Esta tecnologia tem o potencial de alterar fundamentalmente a forma como as instituições financeiras efectuam cálculos complexos e tomam decisões, permitindo cálculos com uma velocidade e complexidade que não podem ser alcançados com computadores convencionais.

## Análise de risco

A análise de risco é uma componente crítica da gestão financeira que tem por objetivo avaliar a extensão e a probabilidade de perdas financeiras. Nas finanças modernas, são utilizados modelos e simulações complexos, como as simulações de Monte Carlo, para analisar a distribuição de possíveis resultados futuros com base numa variedade de parâmetros de entrada. Os computadores quânticos podem acelerar significativamente estas simulações, utilizando a capacidade de seguir um grande número de trajectórias computacionais em simultâneo. Isto poderia permitir às instituições financeiras efetuar avaliações de risco mais precisas em menos tempo, o que pode ser inestimável, especialmente ao avaliar o risco de contraparte, o risco de mercado e o risco de crédito.

## Otimização da carteira

A otimização da carteira é o processo de seleção da melhor combinação de activos com o objetivo de minimizar o risco e/ou maximizar o rendimento esperado, tendo em conta várias restrições (como o orçamento, a tolerância ao risco, o horizonte de investimento). Este problema pode tornar-se matematicamente muito complexo, especialmente quando está envolvido um grande número de activos com relações complexas e incertezas quanto aos seus rendimentos e riscos esperados. Os computadores quânticos têm o potencial de resolver estes problemas de otimização de forma mais eficiente, utilizando algoritmos capazes de analisar o enorme panorama de soluções muito mais rapidamente do que seria possível com os métodos de otimização clássicos. Isto poderá conduzir a estratégias de investimento melhores e mais ricas em informação, que aumentem os rendimentos e minimizem os riscos para os investidores.

A aplicação da computação quântica nas finanças está ainda a dar os primeiros passos e há desafios técnicos e práticos a superar. Estes incluem o desenvolvimento e o dimensionamento do hardware quântico, a personalização e a criação de algoritmos específicos para aplicações financeiras e questões de integridade e segurança dos dados. No entanto, muitas instituições financeiras e empresas de tecnologia estão já a trabalhar em projectos de investigação e programas-piloto para explorar o potencial da computação quântica nesta área.

# O futuro dos computadores quânticos n

Os desenvolvimentos no domínio da tecnologia da computação quântica influenciam numerosos aspectos da ciência, da tecnologia, da indústria e das normas sociais e éticas. Esta dinâmica reflecte-se em avanços teóricos e técnicos, impactos na ciência e na tecnologia, comercialização e aplicações industriais, considerações sociais e éticas, desafios e soluções. Limitar-nos-emos a fazer aqui um breve resumo destas considerações.

## Desenvolvimento de qubits topológicos

Os qubits topológicos são considerados uma forma promissora de realizar computadores quânticos estáveis. Estes qubits baseiam-se em estados topológicos da matéria que são naturalmente resistentes a muitos tipos de perturbações. O seu desenvolvimento poderia reduzir a necessidade de uma extensa correção quântica de erros e, ao mesmo tempo, aumentar os tempos de coerência dos qubits, o que é um pré-requisito essencial para computadores quânticos práticos.

## Progressos na correção quântica de erros

A correção quântica de erros é crucial para a realização de cálculos quânticos fiáveis. Os avanços actuais visam desenvolver códigos e protocolos eficientes que possam abordar e corrigir a vulnerabilidade dos sistemas quânticos a erros sem destruir a informação quântica. Estes esforços são cruciais para a construção de computadores quânticos escaláveis e práticos.

## Revolução no processamento de dados

Os computadores quânticos prometem revolucionar o processamento de dados graças à sua capacidade de resolver problemas de forma exponencialmente mais rápida do que os computadores clássicos. Isto poderá ter um impacto transformador, especialmente na resolução de problemas que exigem um enorme poder de computação, como a criptografia, a ciência dos materiais e os problemas de otimização.

## Novos domínios de investigação através de simulações quânticas

As simulações quânticas permitem a investigação de fenómenos que não podem ser simulados utilizando computadores convencionais. Este facto abre novos campos de investigação em física, química e biologia e fornece conhecimentos sobre sistemas complexos que podem expandir a nossa compreensão das leis fundamentais da natureza e conduzir ao desenvolvimento de novas tecnologias.

## Comercialização e aplicações industriais

A comercialização em curso das tecnologias de computação quântica através do desenvolvimento de serviços e plataformas baseados na computação em nuvem é uma tendência inevitável que está a transformar o panorama da utilização da computação quântica. Estas plataformas permitem às empresas e aos organismos de investigação efetuar cálculos quânticos sem terem de investir em infra-estruturas de computação quântica dispendiosas e complexas. Isto alarga significativamente o acesso aos computadores quânticos e facilita a integração das tecnologias quânticas nos sistemas informáticos existentes.

A disponibilização da computação quântica através da nuvem democratiza o acesso a esta tecnologia avançada, permitindo que as pequenas e médias empresas e os investigadores de todo o mundo trabalhem na vanguarda da investigação e aplicação quânticas. Este desenvolvimento não só reduz as barreiras à entrada para a utilização da computação quântica, como também promove uma maior aceitação e aplicação das tecnologias quânticas em várias indústrias e domínios de investigação.

Os serviços de computação quântica baseados na nuvem proporcionam um ambiente flexível e escalável para a realização de cálculos quânticos, o que é particularmente importante para aplicações que requerem uma potência de computação variável. Os utilizadores podem escalar os seus projectos de forma eficiente, beneficiando das vantagens de custo e da complexidade reduzida proporcionadas pela nuvem. Além disso, estes serviços aceleram a investigação e o desenvolvimento em domínios que podem beneficiar da tecnologia de computação quântica, como a ciência dos materiais, a investigação farmacêutica e problemas de otimização complexos.

No entanto, a integração das tecnologias de computação quântica nas infra-estruturas de TI existentes constitui um desafio. As plataformas de computação em nuvem colmatam esta lacuna fornecendo interfaces e ferramentas de desenvolvimento que facilitam a implementação de algoritmos quânticos em ambientes de computação tradicionais. Estas ferramentas são fundamentais para criar uma transição suave dos recursos de computação clássica para os recursos de computação quântica e permitem que os programadores tirem partido da computação quântica sem terem de ser especialistas na matéria.

Apesar dos benefícios promissores, a comercialização e a aplicação generalizada dos computadores quânticos enfrentam vários desafios, incluindo a complexidade dos algoritmos quânticos, as preocupações com a segurança e as limitações técnicas dos actuais computadores quânticos. O desenvolvimento e a compreensão dos algoritmos quânticos requerem conhecimentos especializados, que são atualmente limitados. Além disso, a potencial ameaça que os computadores quânticos representam para as normas de cifragem existentes exige uma revisão das estratégias de segurança.

Apesar destes desafios, os avanços contínuos em matéria de investigação e desenvolvimento e a colaboração entre o meio académico e a indústria estão a impulsionar a superação destes obstáculos. A crescente disponibilidade de recursos de computação quântica e o maior desenvolvimento de tecnologias e algoritmos sugerem que os computadores quânticos desempenharão um papel importante em muitas áreas de aplicação num futuro próximo, tornando-os parte integrante da infraestrutura global de TI.

## Cooperação entre ciência e indústria

A crescente colaboração entre instituições académicas e a indústria desempenha um papel central na promoção do desenvolvimento e da aplicação das tecnologias quânticas. Estas colaborações são um fator-chave para colmatar o fosso entre a investigação teórica e a aplicação prática e têm um impacto na aceleração da comercialização das tecnologias de computação quântica.

Ao combinarem competências, recursos e interesses, estas parcerias permitem uma transferência mais eficiente de conhecimentos e tecnologias do laboratório para o mercado. Não só facilitam o acesso da indústria às mais recentes descobertas e inovações científicas, como também oferecem aos investigadores académicos a oportunidade de compreender as aplicações práticas e os desafios do seu trabalho.

Estas sinergias são particularmente importantes num domínio tão complexo e especializado como a computação quântica, em que os ciclos de desenvolvimento tecnológico são rápidos e as exigências em termos de competências e infra-estruturas são elevadas. As empresas beneficiam da investigação avançada e do talento das universidades, enquanto o mundo académico obtém conhecimentos valiosos sobre casos de utilização no mundo real e fontes adicionais de financiamento através de parcerias com a indústria.

A colaboração vai desde projectos de investigação conjuntos e desenvolvimento de protótipos até programas educativos destinados a formar uma nova geração de cientistas e engenheiros para trabalhar em tecnologia quântica. Além disso, estas parcerias desempenham um papel importante na formulação de normas e protocolos para as tecnologias quânticas, o que é essencial para a criação de um ecossistema quântico interoperável e seguro.

Em última análise, estas colaborações estão a ajudar a moldar o panorama comercial das tecnologias quânticas, impulsionando a inovação, expandindo as áreas de aplicação e ajudando a criar um mercado que apoie a utilização comercial da computação quântica. Esta interação dinâmica entre o meio académico e a indústria é fundamental para desbloquear todo o potencial das tecnologias quânticas e concretizar o seu impacto transformador em várias indústrias.

### Proteção e segurança dos dados

Com o advento dos computadores quânticos, a segurança dos sistemas digitais e a proteção de dados sensíveis enfrentam um desafio sem precedentes. Estas máquinas poderosas têm o potencial de decifrar os métodos de encriptação que atualmente protegem a maior parte das nossas comunicações digitais e do armazenamento de dados. Isto cria uma necessidade urgente de reavaliar e adaptar as estratégias de proteção e segurança dos dados. Neste contexto, o desenvolvimento da criptografia pós-quântica está a revelar-se crucial. Esta nova geração de criptografia tem como objetivo criar algoritmos que possam garantir a confidencialidade e a integridade da informação digital, mesmo na era dos poderosos computadores quânticos.

A criptografia pós-quântica representa uma abordagem proactiva para enfrentar os desafios de segurança que se avizinham, utilizando problemas matemáticos que são considerados difíceis de resolver mesmo para os computadores quânticos. O trabalho neste tipo de sistemas criptográficos é complexo e exige um conhecimento profundo tanto da tecnologia de computação quântica como da informática teórica. A sua aplicação bem sucedida garantirá não só a proteção das comunicações governamentais e financeiras, mas também a segurança das interacções digitais quotidianas de milhares de milhões de utilizadores em todo o mundo.

Esta transição para a criptografia pós-quântica representa um enorme esforço de colaboração que envolve cientistas, empresas de tecnologia e entidades reguladoras para desenvolver e implementar normas que assegurem o progresso digital, aumentando simultaneamente o nível de proteção dos dados. O desenvolvimento e a implantação destes novos sistemas criptográficos levarão tempo, pelo que é fundamental que estes esforços sejam vigorosamente prosseguidos agora. Isto pode garantir que o mundo digital esteja preparado para a chegada da tecnologia de computação quântica e que a segurança e a confidencialidade da informação sejam mantidas nesta nova era.

## Educação e mercado de trabalho

O rápido desenvolvimento da tecnologia quântica terá um impacto profundo no mercado de trabalho, colocando novas exigências em termos de competências e qualificações da mão de obra. Neste ambiente dinâmico, a importância da educação e da formação em computação quântica e disciplinas conexas está a tornar-se cada vez mais evidente. A fim de estar preparado para as mudanças que se avizinham, é essencial que as instituições de ensino e os programas de formação se adaptem e se expandam para satisfazer a futura procura de profissionais qualificados.

A promoção deste tipo de ensino não começa apenas com programas universitários especializados, mas exige também a integração de conhecimentos básicos sobre tecnologias quânticas em níveis de ensino anteriores. Isto cria uma base sólida e estimula o interesse por estes domínios promissores. Além disso, a formação contínua dos que já fazem parte da força de trabalho é fundamental para permitir que a atual mão de obra se desenvolva e se requalifique neste domínio em rápida evolução.

O impacto da tecnologia quântica no mercado de trabalho apresenta desafios e oportunidades. Por um lado, a mudança exige uma adaptação proactiva dos sistemas educativos e o desenvolvimento de novos currículos e programas de formação. Por outro lado, abre a possibilidade de surgirem novos domínios profissionais e percursos de carreira que têm o potencial de mudar a forma como pensamos o trabalho e a inovação tecnológica.

A estreita colaboração entre as instituições de ensino, a indústria e as agências governamentais será crucial para garantir que a população esteja preparada para a era quântica. Através de um investimento direcionado na educação e na formação, podemos criar uma força de trabalho que não só esteja preparada para as mudanças tecnológicas, mas também ativamente envolvida na sua modelação. Desta forma, a transição para a tecnologia quântica pode ser vista não só como um desafio técnico, mas também como uma oportunidade de crescimento e inovação.

**Ultrapassar as barreiras técnicas**

A realização de computadores quânticos potentes coloca a ciência e a tecnologia perante desafios consideráveis que só podem ser ultrapassados através de investigação e desenvolvimento contínuos. Um dos principais obstáculos é a suscetibilidade dos sistemas quânticos a erros. Os bits quânticos, ou qubits, são extremamente sensíveis a influências externas, o que pode levar a erros nos cálculos quânticos. O desenvolvimento de mecanismos eficazes de correção de erros é, por conseguinte, crucial para garantir a fiabilidade e a precisão dos cálculos quânticos.

Para além da correção de erros, o escalonamento dos computadores quânticos constitui um obstáculo técnico. A capacidade de gerir e interligar eficazmente um maior número de qubits é crucial para aumentar a capacidade de computação dos computadores quânticos. Para tal, são necessárias abordagens inovadoras na conceção física dos computadores quânticos, bem como no desenvolvimento de tecnologias que permitam um entrelaçamento quântico estável e coerente em sistemas de maior dimensão.

Outro aspeto crítico é a integração de sistemas, ou seja, a incorporação de computadores quânticos nas infra-estruturas TI existentes. Uma integração sem descontinuidades exige não só o desenvolvimento de interfaces e protocolos compatíveis, mas também a adaptação do software e das redes existentes, a fim de utilizar plenamente as possibilidades e requisitos únicos da computação quântica.

A superação destes desafios técnicos exige um esforço multidisciplinar que reúna conhecimentos especializados de física, ciências informáticas, ciências dos materiais e engenharia. As instituições de investigação, as universidades e a indústria devem trabalhar em estreita colaboração para fazer avançar a investigação fundamental e desenvolver soluções práticas para a conceção e o funcionamento dos computadores quânticos.

Apesar da complexidade e das dificuldades associadas ao desenvolvimento de computadores quânticos, os potenciais benefícios constituem um forte incentivo para enfrentar estes desafios. Ao melhorar continuamente as tecnologias e os métodos, estamos a avançar gradualmente para o objetivo de criar computadores quânticos potentes, com potencial para redefinir os limites da computação e permitir avanços em numerosos domínios científicos e industriais.

## Desenvolvimento de normas e protocolos

A ampla aplicação das tecnologias quânticas em vários domínios industriais e científicos exige o desenvolvimento de normas e protocolos uniformes. Estas normas são cruciais para assegurar uma compatibilidade harmoniosa entre as tecnologias quânticas e os sistemas digitais existentes, minimizar os riscos de segurança e garantir uma elevada fiabilidade da tecnologia numa vasta gama de aplicações.

A criação dessas normas exige um esforço coordenado que vai além dos grupos de investigação e empresas individuais e envolve a comunidade global de cientistas, engenheiros, peritos da indústria e reguladores. Esta colaboração é necessária para desenvolver uma linguagem comum e práticas comuns que constituirão a base para a interoperabilidade das tecnologias quânticas.

O desenvolvimento de normas inclui não só aspectos técnicos, como a definição de interfaces, formatos de dados e protocolos de comunicação, mas também orientações de segurança que garantem a proteção dos dados em redes quânticas e na utilização de serviços de computação quântica. Dada a potencial capacidade dos computadores quânticos para comprometerem os métodos de cifragem existentes, a introdução de normas de criptografia pós-quântica é uma parte essencial destas considerações de segurança.

A fiabilidade é outro elemento fundamental abordado pelas normas. Para a utilização de tecnologias quânticas em aplicações críticas, como na medicina, finanças ou logística, é essencial que os sistemas apresentem um desempenho previsível e sejam robustos contra erros. As normas relativas à correção de erros e ao diagnóstico de sistemas são, por conseguinte, de grande importância.

O desenvolvimento e a aplicação de normas no domínio da tecnologia quântica estão ainda, naturalmente, a dar os primeiros passos, tal como a própria tecnologia, mas a sua importância aumentará à medida que estas tecnologias continuarem a amadurecer. A existência de normas harmonizadas não só impulsionará o desenvolvimento tecnológico e a utilização comercial das tecnologias quânticas, como também contribuirá para aumentar a confiança dos utilizadores nesta nova tecnologia.

## Promoção da educação e do desenvolvimento de mão de obra qualificada

O investimento na educação e no desenvolvimento de competências é fundamental para criar um ecossistema sólido que impulsione a investigação, o desenvolvimento e a aplicação comercial das tecnologias quânticas. Esse ecossistema permitirá a plena realização do enorme potencial oferecido pelas tecnologias quânticas, assegurando simultaneamente que a sociedade no seu conjunto possa beneficiar dos avanços associados.

A construção de uma base educacional sólida em física quântica, computação quântica e disciplinas afins é o primeiro passo para a formação de uma nova geração de cientistas, engenheiros e técnicos que estejam familiarizados com os complexos desafios e oportunidades destas tecnologias. Para tal, é necessária uma revisão dos currículos nos diferentes níveis de ensino, a fim de proporcionar conhecimentos básicos sobre as tecnologias quânticas e estimular o interesse e a compreensão neste domínio.

Além disso, os programas de formação especializada e as certificações para os profissionais já no ativo são cruciais para melhorar as competências existentes e adaptá-las aos requisitos específicos da tecnologia quântica. Esses programas ajudam a colmatar o fosso entre as tecnologias tradicionais e as novas tecnologias quânticas e permitem que os profissionais se desenvolvam continuamente e acompanhem os rápidos avanços neste domínio.

Para além da formação especializada, a promoção de competências interdisciplinares é importante, uma vez que a aplicação das tecnologias quânticas exige frequentemente uma colaboração que ultrapassa as fronteiras disciplinares. Os conhecimentos de informática, matemática, ciência dos materiais e outros domínios relevantes são essenciais para resolver eficazmente os problemas complexos associados ao desenvolvimento e à aplicação das tecnologias quânticas.

O investimento na educação e no desenvolvimento de competências é também crucial para promover a utilização comercial das tecnologias quânticas. Uma reserva de talentos bem formados é um pré-requisito para a criação e o crescimento de empresas em fase de arranque e de empresas que desenvolvem, aplicam e comercializam tecnologias quânticas. Isto, por sua vez, ajuda a criar empregos, a reforçar a economia e a garantir a liderança tecnológica neste domínio em rápido crescimento.

Em última análise, os investimentos na educação e no desenvolvimento de competências não são apenas investimentos no desenvolvimento da carreira individual, mas também no futuro social e económico. Um ecossistema forte que apoie a investigação, o desenvolvimento e a aplicação das tecnologias quânticas é essencial para concretizar os muitos benefícios que estas tecnologias oferecem e para nos mantermos competitivos a nível mundial.

## Conclusão

Globalmente, a tecnologia da computação quântica está na iminência de mudanças profundas em muitos domínios. Ultrapassar com êxito os desafios técnicos e sociais será crucial para concretizar todo o potencial desta tecnologia e obter efeitos positivos na ciência, tecnologia, economia e sociedade.

Prever uma data específica para um avanço na computação quântica continua a ser um desafio, uma vez que depende de uma série de factores tecnológicos, científicos e financeiros em rápida evolução. Embora se tenham registado progressos significativos na tecnologia da computação quântica nos últimos anos, ainda não se concretizou um avanço decisivo que tornaria os computadores quânticos superiores para uma vasta gama de aplicações.

O desenvolvimento e a melhoria dos qubits, que são as unidades básicas dos computadores quânticos, bem como os avanços na correção quântica de erros, são desafios técnicos importantes que ainda têm de ser ultrapassados. A resolução destes problemas é crucial para a criação de computadores quânticos práticos capazes de efetuar cálculos complexos que vão muito além das capacidades dos computadores clássicos actuais.

A investigação em computação quântica está a beneficiar de um investimento crescente tanto do sector público como do privado, o que está a acelerar o desenvolvimento desta tecnologia. Este apoio financeiro sublinha a confiança no potencial da computação quântica para provocar mudanças transformadoras em vários domínios, como a ciência dos materiais, os produtos farmacêuticos e os problemas complexos de otimização.

Embora algumas empresas já tenham anunciado a obtenção da chamada superioridade quântica para tarefas específicas, a aplicação geral de computadores quânticos que superem os computadores clássicos em todos os domínios ainda está muito longe. Os especialistas estão cautelosamente optimistas quanto à possibilidade de avanços significativos na computação quântica na próxima década em aplicações especializadas, mas um avanço global que torne a computação quântica de aplicação geral poderá ainda estar a duas décadas ou mais de distância.

No entanto, a dinâmica dos progressos no domínio da computação quântica é difícil de prever e descobertas científicas inesperadas podem acelerar os prazos de desenvolvimento. A investigação e o desenvolvimento contínuos neste domínio são cruciais para ultrapassar os desafios existentes e concretizar todo o potencial da tecnologia quântica.

O futuro da computação quântica continua, por conseguinte, a ser um domínio empolgante, cujo calendário é flexível e adaptável a novas descobertas e avanços tecnológicos, mas que desafia previsões concretas.